LES ORIGINES DU RÉGIME FÉODAL

FUSTEL DE COULANGES

TABLE DES MATIÈRES

LA PROPRIETE FONCIERE DANS L'EMPIRE ROMAIN ET DANS LA SOCIETE MEROVINGIENNE.

Avant-propos	3
1. DU DROIT DE PROPRIETE DANS L'EMPIRE ROMAIN.	12
2. DU DROIT DE PROPRIETE DANS LA SOCIETE GALLO-FRANQUE.	20
3. DE LA POSSESSION BENEFICIAIRE DANS L'EMPIRE ROMAIN.	31
4. DE LA POSSESSION BENEFICIAIRE DANS LA SOCIETE GALLO-FRANQUE.	44

LE PATRONAGE ET LA FIDÉLITÉ.

Avant-propos	65
1. LE PATRONAGE CHEZ LES GAULOIS, DANS L'EMPIRE ROMAIN, CHEZ LES GERMAINS.	69
2. LE PATRONAGE ET LA FIDÉLITÉ AU TEMPS DES MÉROVINGIENS.	78
3. POURQUOI LE REGIME FEODAL A PREVALU.	89
4. DU PATRONAGE ET DE LA FIDÉLITÉ APRÈS CHARLEMAGNE.	105

LA PROPRIETE FONCIERE DANS L'EMPIRE ROMAIN ET DANS LA SOCIETE MEROVINGIENNE.

i. *Gromatiei veteres*, édit. Lachmann, Berlin 1848. — II. *Digato, édit. Mommeen, Berlin 1870.* — *III.* Codex theodosianus, *édit. O. Hœnel, 1842.* — *IV.* Diplomata, chartœ, *édit Pardessus.* — *V. Pardessus,* La loi salique. — *VI.* Recueil des formules usitées dans l'empire des Francs, *par M. E. de Rozière, 1859-1871.* — *VII.* M. *Guizot,* Essais sur l'histoire de France ; Histoire de la civilisation en France. — *VIII. M. Naudet,* De la noblesse chez les Romains, *1863 ;* De la noblesse citez les Francs, *dans les Mém. de l'Ac. des Inscr.* — *IX. M. Ch. Giraud,* Recherches sur le droit de propriété dans l'empire romain. — *X. M. Laboulaye,* Histoire du droit de propriété en Occident. — *XI.*

Guérard, Polyptyque de l'abbé Irminon. — *XII. Pétigny,* Études sur l'époque mérovingienne. — *XIII. G. Waitz,* Die Deutsche Verfassungsgeschichte.

La manière dont les populations de la Gaule sont passées du régime politique que Rome leur avait donné au régime féodal est un des plus graves problèmes que la science historique ait à résoudre. Il n'est jamais aisé de saisir les causes qui font qu'une société se transforme ; mais ce qui rend ici le problème particulièrement difficile, c'est la complexité des faits au milieu desquels cette transformation s'est accomplie. En effet, deux séries d'événements se sont déroulées dans le même espace de temps. D'une part, il y a eu dans la Gaule des migrations d'étrangers, des incursions de barbares, des invasions dévastatrices et un déplacement de l'autorité publique ; de l'autre, il y a eu une longue suite de changements dans les institutions, dans les mœurs, dans le droit, dans toutes les habitudes de la vie publique et privée. L'entrée des Germains s'est opérée lentement depuis le IIIe siècle jusqu'au VIIIe, et c'est à peu près dans le même espace de temps que se sont produites les modifications successives qui ont abouti au régime féodal.

La coïncidence entre ces deux séries d'événements est incontestable ; mais il reste encore à chercher quelle relation il y a eu entre elles. Trois choses sont possibles. Il se peut que l'invasion germanique ait engendré le régime féodal, les nouveau-venus l'ayant apporté avec eux et imposé par la force à des populations vaincues et asservies. Il se peut aussi que les deux événements, bien qu'ils fussent simultanés, n'aient eu aucune action l'un sur l'autre, et que le régime féodal soit né de causes étrangères à l'invasion, de germes qui existaient avant elle. Il se peut enfin que la vérité soit entre ces deux extrêmes, que l'entrée des Germains dans les pays de l'empire n'ait pas été la cause génératrice de cette grande révolution sociale, mais n'y soit pas non plus demeurée étrangère, que ces Germains y aient coopéré, qu'ils aient aidé à l'accomplir, qu'ils l'aient rendue inévitable alors que sans eux les peuples y auraient peut-être échappé, et qu'ils aient imprimé au régime nouveau quelques traits qu'il n'aurait pas eus sans eux.

La première de ces trois explications est celle qui se présente tout d'abord. à l'esprit. Au XVIIe siècle, quand le régime féodal, dépouillé de ses caractères essentiels, ne se présentait plus qu'avec les dehors d'un pouvoir violent et oppressif, il parut tout naturel d'en attribuer l'origine à l'oppression et aux violences d'une conquête. Cependant, si nous nous reportons aux documents contemporains, aux chroniques, aux vies des saints, aux textes législatifs, aux actes de la vie privée, nous ne pouvons manquer d'être frappés de cette remarque, qu'aucun d'eux ne mentionne une véritable conquête du pays. Ils signalent des ravages, des désordres, des invasions, des luttes entre des cités gauloises et des bandes germaines, et plus souvent encore des luttes de Germains entre eux ; mais ils ne rapportent jamais rien qui ressemble à une guerre nationale ou à une guerre de races[1], et ils ne dépeignent non plus jamais l'assujettissement d'une population indigène à une population étrangère. On n'y reconnaît aucun des traits précis qui caractérisent la conquête en tout temps et en tout pays. On n'y trouve rien de semblable à ce que firent les

Anglo-Saxons en Grande-Bretagne, les Lombards en Italie, les Ottomans en Grèce. Il n'y a pas d'indice que les Gallo-Romains aient été dépouillés de leurs terres. Ils ne furent pas asservis ; il ne semble même pas qu'ils aient été politiquement subordonnés. Dans les conseils des rois, dans les armées, dans les fonctions publiques, dans les tribunaux, dans les assemblées nationales elles-mêmes, les deux populations étaient mêlées et confondues. Les chroniqueurs montrent sans cesse l'homme de race franque à côté de l'homme de race gauloise, et ils n'indiquent jamais que le premier eût des droits politiques supérieurs, ni que sa naissance franque lui valût une considération particulière. Les Gaulois étaient soumis à des rois francs ; mais nous ne voyons à aucun signe qu'ils fussent soumis à la race franque[2]. Il y avait des hommes libres dans les deux populations ; dans les deux populations, il y avait des esclaves. Grégoire de Tours parle fréquemment d'une aristocratie ; les hommes qu'il appelle des grands ou des nobles sont plus souvent des Gaulois que des Francs ; l'état social dont il trace le tableau n'est assurément pas celui qu'une conquête aurait produit.

Les générations modernes ont dans l'esprit deux idées préconçues sur la manière dont se fondent les gouvernements. Elles sont portées à croire tantôt qu'ils sont l'œuvre de la force seule et de la violence, tantôt qu'ils sont une création de la raison. Elles les font dériver des plus mauvaises passions de l'homme, à moins qu'elles n'imaginent de les faire descendre des régions de l'idéal. C'est une double erreur : l'origine des institutions sociales et politiques ne doit être cherchée ni si bas ni si haut. La violence ne saurait les établir ; les règles de la raison sont impuissantes à les créer. Entre la force brutale et les vaines utopies, dans la région moyenne où l'homme se meut et vit, se trouvent les intérêts. Ce sont eux qui font les institutions et qui décident de la manière dont un peuple est gouverné. Il est bien vrai que dans un premier âge de l'humanité les sociétés ont pu être dominées par des croyances ou par des sentiments puissants sur l'âme ; mais il y a vingt-cinq siècles que l'humanité a pris un autre cours. Depuis ce temps, les intérêts furent toujours la règle de la politique : aussi ne voit-on pas d'exemple d'un système d'institutions qui ait duré sans qu'il ait été en conformité avec eux. L'ordre social de chaque siècle et de chaque peuple est celui que les intérêts constituent. Ce sont eux qui élèvent ou qui renversent les régimes politiques. La violence des usurpateurs, le génie des grands hommes, la volonté même des peuples, tout cela compte pour peu de chose dans ces grands monuments qui ne se construisent que par l'effort continu des générations, et qui ne tombent aussi que d'une chute lente et souvent insensible. Si l'on veut s'expliquer comment ils se sont édifiés, il faut regarder comment les intérêts se sont groupés et assis ; si l'on veut savoir pourquoi ils sont tombés, il faut chercher comment ces mêmes intérêts se sont transformés ou déplacés. C'est une étude de cette nature que nous allons tenter de faire sur la Gaule ; afin d'entrevoir comment les populations de ce pays sont passées, par une lente transition, du régime impérial romain au régime féodal, nous observerons comment les intérêts étaient constitués au début de cette période de transition, et comment ils se sont peu à peu modifiés.

Dans l'empire romain, presque tous les intérêts étaient attachés au sol. Il ne faut pas nous faire de cette société l'idée que nous donnent les sociétés d'aujourd'hui. L'empire romain n'a ressemblé presque en aucune chose aux états de l'Europe moderne. L'un des traits qui le distinguent d'eux est que, durant les cinq siècles de son existence et les quatre siècles de sa réelle prospérité, il n'engendra pas ce que nous appelons aujourd'hui la richesse mobilière. Le sol resta toujours, dans cette société, la source principale et surtout la mesure unique de la fortune. Ce n'est pas qu'il n'y eût du commerce, de l'industrie, des professions à la fois honorables et lucratives ; mais il ne sortit jamais de tout cela une classe puissante comme celle que l'on voit dans les états modernes. Le commerçant, le banquier, l'industriel, pouvaient avoir individuellement une existence opulente ; ils ne constituaient pas comme de nos jours une force sociale ; ils ne formaient pas un groupe d'intérêts et un faisceau de valeurs avec lequel l'état dût compter et qui pût exercer quelque action sur la nature du gouvernement. C'est pour ce motif que les peuples soumis à l'empire romain eurent d'autres besoins que nous et ne réclamèrent jamais les institutions qui sont devenues nécessaires aux nations modernes.

Ce qu'on dit quelquefois de la prééminence des cités sur les campagnes dans la société romaine tient à une erreur de mots. Une cité était alors la réunion de la campagne et de la ville ; on ne distinguait pas l'une de l'autre. Les hommes ne se partageaient pas, comme de nos jours, en une population urbaine et une population rurale. Les circonscriptions administratives ne se réglaient pas sur une distinction de cette nature. Ce qu'on appelait un *vicus* ou un village était une partie intégrante de la *civitas*, et l'habitant du village était un membre de la cité. Le vrai citoyen, celui qu'on appelait curiale, était un propriétaire foncier ; il devait posséder au moins 25 arpens de terre. Il ne ressemblait pas au bourgeois du moyen âge à qui il suffisait d'avoir pignon sur rue, moins encore au bourgeois d'aujourd'hui qui peut enfermer toute sa fortune dans un portefeuille. C'était un homme qui avait des champs au soleil ; il était membre du corps municipal parce qu'il possédait une part du sol de la cité.

L'importance qu'avait le sol à cette époque se montre à nous par plusieurs symptômes. C'était sur lui que pesait la plus lourde part de l'impôt, parce qu'il était la principale richesse ; c'était de lui aussi que venait la considération. Qui n'était pas propriétaire comptait pour peu de chose. Les classes industrielles étaient reléguées dans ce qu'on appelait encore la plèbe : les commerçants aspiraient à s'en distinguer ; mais tout au plus établissait-on en leur faveur, dans la hiérarchie sociale de ce temps-là un degré intermédiaire entre la plèbe proprement dite et la classe des propriétaires. Ceux-ci portaient le poids des contributions et des charges publiques ; mais ils avaient en compensation la direction absolue des affaires municipales. A eux appartenaient de droit les magistratures, les sacerdoces, les fonctions judiciaires, tout ce qui donnait la dignité ou l'éclat à la vie. Chaque ville était administrée par sa curie, c'est-à-dire par le corps des propriétaires fonciers.

A la fin de l'empire, il existait dans toutes les provinces une classe aristocratique que l'on appelait l'ordre des sénateurs. Elle possédait des privilèges et supportait aussi des charges spéciales. Elle était héréditaire et aussi indépendante du gouvernement qu'on pouvait l'être dans un état où les mœurs étaient monarchiques autant que les lois. Ces sénateurs n'étaient autres que les plus riches parmi les propriétaires du sol. On peut voir dans les lois romaines que, pour entrer dans cet ordre, il fallait réunir plusieurs conditions, dont la principale était de posséder une grande fortune territoriale, et que l'on n'en sortait que si l'on avait perdu cette fortune. Les écrivains du Ve et du VIe siècle mentionnent fréquemment des familles sénatoriales ; ce sont toujours des familles riches en biens fonciers. Nous pouvons voir encore dans les lettres de Sidoine Apollinaire ce qu'était la classe élevée en ce temps-là Elle se composait de grands propriétaires qui possédaient de véritables châteaux entourés de vastes domaines. Ils y vivaient au milieu d'une foule nombreuse de clients, de serviteurs, de colons ; ils partageaient leur temps entre les soins de l'exploitation rurale et les plaisirs de la chasse ou de la littérature. Pendant plusieurs mois De l'année, ils quittaient leur résidence de campagne pour habiter leur maison de ville. Ils exerçaient les magistratures urbaines : quelques-uns les briguaient et se les disputaient ; d'autres les fuyaient au contraire et auraient voulu y échapper, mais les convenances, la mode, les sollicitations des amis les ramenaient incessamment vers elles, et au besoin les lois elles-mêmes les obligeaient à les remplir. Il est à remarquer aussi que c'était parmi ces grands propriétaires que l'empire allait chercher ordinairement ses fonctionnaires de l'ordre le plus élevé, au lieu de les prendre par voie d'avancement parmi les employés subalternes de ses administrations. Ces riches sénateurs de province devenaient aisément consuls, présidents, recteurs, préfets du prétoire. Ils prenaient part de cette façon à l'autorité politique et formaient la classe dirigeante. Un peu plus tard et pour les mêmes motifs, la population choisit parmi eux les évêques. Ainsi, même en face du gouvernement impérial, la terre était une puissance, et c'était elle qui donnait la plus sûre noblesse ; à l'exception des grades de l'armée, tout venait d'elle et se rattachait à elle. La propriété foncière était la grande force sociale et pour ainsi dire l'âme du corps de l'empire.

Cette absence presque complète de ce que nous appelons aujourd'hui les capitaux ou les valeurs mobilières et cette importance unique du sol, cet effacement de la population industrielle et urbaine et cette suprématie incontestée de la classe des propriétaires, sont les faits qui dominent et régissent l'état social de ce temps-là C'est de là qu'il faut partir pour comprendre les changements qui se sont opérés dans les siècles suivants ; il est arrivé en effet que, comme les intérêts fonciers étaient tout-puissants dans la société, les événements ont suivi le cours naturel que leur traçaient ces intérêts. La population urbaine était trop faible et trop subordonnée pour exercer quelque influence sur la. marche des institutions, Ce n'était pas elle assurément qui devait créer le régime féodal ; mais ce n'était pas elle non plus qui pouvait l'empêcher de s'établir.

---

1. La guerre que Syagrius soutint contre Clovis n'est présentée dans aucune chronique comme une lutte nationale. Syagrius n'était pas non plus un représentant de l'empire romain : il s'intitulait *rex Romanorum* ; or ces deux mots sont également étrangers à la langue de la hiérarchie impériale et incompatibles avec toute idée de fonction publique. Le Gaulois Syagrius se détachait de l'empire par le titre même qu'il prenait, tandis que le Germain Clovis se rattachait à cet empire par les titres de *magistor militiœ* et de proconsul qu'il en recevait.
2. L'inégalité du wehrgeld, qui est signalée dans les codes des tribus franques, mais qui ne paraît dans aucune des nombreuses anecdotes que racontent les chroniqueurs, ne saurait être invoquée comme une preuve de l'infériorité d'une population à l'égard de l'autre. On en peut donner plusieurs explications ; la plus invraisemblable de toutes serait celle qui attribuerait cette inégalité à un sentiment de mépris pour la race gauloise, car les chroniques, qui décrivent en traits si précis l'état moral et social du temps, montrent de la façon la plus claire que les Gallo-Romains ne se regardaient ni n'étaient regardés comme une population inférieure.

1

DU DROIT DE PROPRIETE DANS L'EMPIRE ROMAIN.

Il semble qu'après la conquête du monde par les Romains la propriété privée aurait dû disparaître presque entièrement de la terre. En effet, le droit civil de Rome ne reconnaissait la vraie propriété que dans la personne 4u citoyen romain et sur la terre purement romaine, c'est-à-dire dans les étroites limites de l'ancien *ager romanus*. La règle était que tous les peuples vaincus fussent dépossédés : un sujet ne pouvait pas être propriétaire ; la conquête avait brisé tout lien légal entre l'homme et le sol. En vertu de ce principe, la terre provinciale (on entendait par ces mots la terre sujette) ne devait avoir d'autre propriétaire que l'état romain ; elle devait être tout entière domaine public, *ager publicis*. Les jurisconsultes disaient expressément : « Sur le sol provincial, la propriété appartient au peuple romain ou au prince ; les hommes n'en ont que la possession et la jouissance. » Cette maxime n'appartient pas aux derniers siècles de l'empire ; elle vient de la république romaine.

Une règle si rigoureuse ne pouvait pas manquer d'être fort adoucie dans la pratique. Un certain nombre de peuples étaient entrés dans ce qu'on appelait l'empire de Rome à titre d'alliés et non pas de provinciaux ; ils avaient donc conservé la propriété de leurs terres[1]. D'autres obtinrent plus tard le droit italique qui consistait surtout dans le plein exercice de la propriété sur le sol. Il est vrai que ce droit italique ne s'appliquait pas à toutes les terres de l'Italie ; mais par une heureuse compensation il s'appliquait à beaucoup de terres situées au milieu des provinces[2]. Il arriva ainsi que le sol provincial, dont les jurisconsultes signalent la triste condition, fut de plus en plus restreint, et que la propriété privée regagna insensiblement le terrain que la conquête lui avait fait perdre. D'ailleurs dix générations de jurisconsultes, de magistrats, de princes, de, fonctionnaires, travaillèrent à trouver les moyens d'assurer aux possesseurs du sol provincial toutes les garanties que le vieux droit civil leur avait refusées. Les écrivains qui nous tracent le tableau de l'état social de ces temps-là montrent bien que les terres des provinces se vendaient, se transmettaient, se léguaient avec une liberté et une sécurité parfaites, et que les hommes se considéraient comme aussi solidement propriétaires que s'ils eussent joui du vieux droit des Quintes. Nous ne trouvons pas dans tout l'empire l'expression d'une plainte ou d'un regret qui marque l'absence du droit de propriété. On ne voit non plus aucune province où la propriété individuelle et héréditaire ait disparu. Les inscriptions, dans toutes les parties de l'empire, nous montrent des familles où la richesse foncière se perpétue, et avec elle les honneurs et la considération.

Il s'en faut beaucoup que la politique du gouvernement impérial ait été hostile à la propriété privée. L'abus des confiscations, qu'on peut lui reprocher comme à toute l'antiquité, tint plutôt à la sévérité du droit pénal qu'à un calcul et à un désir constant d'accaparer le sol. On ne voit à aucun indice que le gouvernement impérial ait voulu amoindrir le droit de propriété individuelle en se réservant à lui-même une sorte de domaine éminent ; tous ses actes et toutes ses lois sont l'opposé d'une telle prétention. Les codes impériaux ne cessent de mentionner une classe de propriétaires qu'ils appellent *domini*. La relation légale entre eux et le sol est marquée par les deux termes également précis et énergiques de *dominium* et *proprietas*. L'hérédité est reconnue sans aucune contestation : nul obstacle n'est opposé à la vente, au legs, à la donation ; l'état ne se réserve aucune espèce de privilège sur la terre.

Il est vrai que le domaine public était immense ; mais il n'était pas inaliénable ; la vente le transformait en propriété privée sans aucune réserve. Si l'on est frappé de quelques lois qui montrent le fisc avide et âpre à saisir la terre, il y en a d'autres qui montrent avec quelle facilité il se dessaisissait. Le précieux recueil des *agrimensores*, les maîtres arpenteurs de ce temps-là signale fréquemment les terres qui étaient concédées à des particuliers et qui n'étaient jamais reprises. Ces mêmes écrivains racontent un fait bien significatif qui se passa sous Vespasien. L'empereur, ayant besoin d'argent, voulut mettre en vente les terres que l'état possédait en Italie. Ces terres étaient occupées par des particuliers sans aucun titre : il n'était pas douteux qu'on n'eût le droit de les leur reprendre ; mais, aussitôt que le décret parut, l'Italie entière s'agita, des députations portèrent au prince les plaintes et les réclamations de toute la population agricole. Il dut céder. Il permit que son décret restât inexécuté, et après lui Domitien accorda aux occupants la possession légitime du sol [3]. Aucun empereur ne paraît avoir renouvelé l'essai infructueux de Vespasien. Nous pouvons donc croire que l'état perdit ainsi une notable partie de son domaine. Dans les siècles suivants, les codes font souvent mention de terres données, *fundi donati*. On aperçoit bien que les empereurs regrettèrent de les avoir données ; mais on n'aperçoit pas qu'ils aient jamais pu les reprendre. Nulle statistique n'est possible au sujet de l'empire romain ; il y a au moins grande apparence qu'en dépit des confiscations le domaine public alla toujours en s'amoindrissant, et que, dans ces cinq siècles, la propriété privée ne cessa pas d'être en progrès.

L'acte qui a été renouvelé le plus fréquemment par les empereurs et qui caractérise le mieux leur politique traditionnelle fut la fondation des colonies. Le nombre en a été incalculable ; elles couvrirent l'Italie et les provinces. Or ces colonies n'avaient aucune ressemblance avec ce que nous appelons aujourd'hui de ce nom ; elles étaient précisément le contraire d'une émigration au dehors. Fonder une colonie, c'était transformer des terres du domaine public en propriété privée. Que la terre fût distribuée à des vétérans, qu'elle le fût à des citoyens, ou bien encore qu'elle fût laissée, ainsi qu'il arrivait souvent, à ceux-là mêmes qui jusqu'alors l'avaient occupée sans titre, la colonisation consistait toujours à établir le droit de propriété individuelle sur un sol qui ne le connaissait pas auparavant. C'était un acte analogue à celui que le gouvernement français a quelquefois essayé en Algérie, lorsqu'il a voulu approprier le sol jusque-là possédé en commun par la tribu arabe.

Le gouvernement procédait à cette opération avec un soin particulier. Une loi était faite pour chaque colonie ; elle indiquait, avec cette précision dont les législateurs romains ont eu le secret, que la terre publique deviendrait terre privée, qu'elle serait libre de toute redevance envers l'état, qu'elle pourrait être librement léguée et vendue[4]. Toutefois on ne jugeait pas que la loi fût suffisante pour imprimer au sol ce caractère nouveau, et l'on faisait intervenir la religion même. Le jour de la fondation venu, les *agrimensores* se présentaient ; ces arpenteurs étaient presque des prêtres, ils étaient au moins les héritiers du vieux culte de la propriété foncière et les dépositaires des anciens rites. Ils traçaient sur le sol les lignes sacrées que d'antiques traditions leur avaient enseignées ; puis, les dieux étant pris à témoin, ils partageaient la terre en lots réguliers. Ce n'est pas qu'il fallût que les lots fussent égaux entre eux ; mais il était nécessaire qu'ils fussent tous orientés suivant les règles et tous enclavés dans les lignes saintes. Sur les limites de chaque part, à des distances fixes, on enfonçait des *termes* ; c'étaient des objets consacrés par la religion, des simulacres que l'on vénérait comme des êtres divins. Nous pouvons bien penser qu'au temps de l'empire la religion du dieu Terme n'avait plus la pleine vigueur qu'elle avait eue dans les âges antiques : elle vivait pourtant encore au fond des âmes ; le gouvernement impérial la réveillait pour établir ou pour affirmer la propriété.

Lorsque les lots avaient été ainsi marqués de l'empreinte de la religion, il fallait qu'on les tirât au sort. Cette règle venait-elle du désir d'assurer l'égalité dans le partage ? On peut en douter, car nous savons que les parts n'étaient pas égales, et qu'elles étaient en proportion du grade ou du rang de chaque colon[5]; mais le tirage au sort était un très vieil usage que les populations de la Grèce et de l'Italie avaient toujours pratiqué pour l'assignation du sol et sans lequel il ne semblait pas que la propriété privée pût s'établir. Les anciennes croyances lui attribuaient une sorte de vertu merveilleuse ; on le regardait comme l'expression de la volonté divine. Il semblait aux hommes que le vrai droit de propriété vînt de là. Si ce n'était plus la pensée des jurisconsultes c'était encore celle du vulgaire. Dans la langue usuelle, *tenir par le sort* était une expression qui signifiait posséder en propre Quand on voulait dire qu'un simple occupant avait été rendu propriétaire, on disait qu'au lieu de tenir en occupation il tenait en sort, *ex occupatione tenebat in sorte*[6]. Ce mot, qui marquait plus nettement qu'aucun autre l'union intime entre le sol et la famille, était employé dans le langage ordinaire avec le sens de patrimoine[7]. Presque rien de tout cela n'a péri avec l'empire. Il y a eu des *agrimensores* dans la Gaule mérovingienne. Les termes que le gouvernement romain avait ordonné d'enfoncer dans le sol se retrouvent mentionnés dans plusieurs testaments du VIIe siècle, et la langue de ce temps-là conservait encore le vieux mot *sors* pour désigner la propriété héréditaire.

Ces règles et ces habitudes de l'administration impériale sont certainement l'opposé de ce que ferait un gouvernement qui viserait à l'accaparement du sol ou qui prétendrait à un domaine éminent sur la terre. Ce n'est pas assez de dire que la propriété individuelle ne s'affaiblit pas dans les cinq siècles que dura l'empire, on peut ajouter qu'elle prit vigueur, qu'elle se propagea et qu'elle s'enracina dans des pays où elle n'était pas encore bien établie avant la conquête romaine.

Cette propriété que l'empire romain léguait à l'Occident avait deux traits caractéristiques qu'il importe de constater ici, afin de voir si nous les retrouverons dans la propriété des âges suivants. En premier lieu, la terre possédée en propre était héréditaire de plein droit ; elle était transmissible par vente, legs, donation. En second lieu, elle n'était soumise à aucun domaine éminent ; elle payait l'impôt public, mais elle n'était sujette à aucune redevance d'un caractère privé ; elle ne devait ni foi ni service à personne. Le propriétaire était sur, sa terre un maître absolu (*dominus*) ; il pouvait disposer d'elle avec une liberté complète. Suivant la définition des jurisconsultes romains, la propriété était le plein pouvoir de l'homme sur la chose, *plena in re potestas* ; elle était le *jus utendi et abutendi, le droit d'user, d'aliéner et même de détruire.*

---

1. Voyez *Lex Antonia de Termessibus* ; *Lex Thoria*, c. 36 et 38 ; Cicéron, *Discours contre Rullus*, I, 4 ; Suétone, *Jules César*, 25.
2. Pline, *Histoire naturelle*, III, 3 ; *Digeste*, liv. XL, tit. XV, 1 et 8.
3. Voyez le recueil des *Gromatici veteres*, édit. Lachmann, p. 20, 54, 111, 163, 284.
4. On peut voir comme exemple la *Lex Mamlia Roscia* dans le *Juris Romani antiqui vestigia* qu'a récemment publié M. Ch. Giraud.
5. Siculus Flaccus, p. 117 ; Hygin, p. 177.
6. *Libri coloniarum*, édit. Lachmann, p. 231.)
7. *Sors patrimonium significat*, dit le grammairien Festus. Comparez Tite-Live I, 34. Ce sens du mot *sors* était très ancien dans la langue latine ; il en était de même chez les Grecs, qui dès une très haute antiquité donnaient au mot χλῆρος ; le double sens de tirage au sort et de patrimoine. Il est clair que le mot *sors*, que nous trouverons dans l'époque mérovingienne, avait eu primitivement le sens de tirage au sort mais il ne se rapporte nullement à un fait de l'invasion germanique, puisqu'il est beaucoup plus vieux que celle-ci ; il y avait déjà plusieurs siècles qu'il désignait la propriété.

2

DU DROIT DE PROPRIETE DANS LA SOCIETE GALLO-FRANQUE.

L'établissement d'une population germanique en Gaule n'était pas de nature à faire disparaître ou à altérer profondément la propriété individuelle. Ces nouveau-venus n'était pas des nomades ; s'ils avaient quitté la Germanie et le sol des ancêtres, c'est parce qu'ils en avaient été chassés par d'autres peuples ou parce que la terre ne suffisait pas à les nourrir. Ils s'étaient mis volontiers au service de l'empire pour obtenir les *champs létiques* que l'empire leur offrait en guise de solde. Ils avaient au plus haut point le goût de la propriété foncière. L'or des Romains les tentait, leur sol bien plus encore. Loin qu'ils se présentassent en ennemis de l'agriculture et de la propriété, ils étaient tourmentés du désir de devenir propriétaires et agriculteurs : aussi ne voit-on pas qu'ils aient eu même la pensée de mettre les champs en commun [1]. L'ambition de chacun d'eux fut d'acquérir par quelque moyen une part du sol et d'en faire sa propriété privée. Quelques-uns prirent les terres vacantes ; d'autres en achetèrent avec l'argent du butin. Saint Paulin, dans une de ses lettres, écrit qu'un barbare a trouvé à sa convenance une de ses terres située près de Bordeaux, et qu'il lui en a envoyé le prix. Le moyen le plus simple qui s'offrit aux Germains fut de s'adresser à leurs chefs qui avaient en main l'immense domaine du fisc impérial et qui en distribuèrent des parts à leurs soldats et à leurs serviteurs. Les rois burgondes et wisigoths rappellent dans leurs lois qu'ils donnèrent ainsi beaucoup de terres, et ils indiquent clairement qu'ils les donnèrent en toute propriété et à titre héréditaire. Que les rois francs aient fait de même, c'est ce qui est attesté par leurs diplômes et par plusieurs testaments du VIIe siècle.

Les Germains n'ont pas recherché d'abord la possession bénéficiaire ; ils ont aspiré à la vraie et complète propriété, telle qu'ils la voyaient établie pour les Gallo-Romains. Beaucoup d'entre eux se sont répandus sur le territoire et y sont devenus propriétaires. Grégoire de Tours en cite plusieurs dans les environs de sa ville. Les formules rédigées dans l'Anjou montrent qu'il y avait au VIe siècle des Francs-Saliens qui étaient propriétaires en ce pays ; on en trouvait aussi dans le pays de Bourges. Nous pouvons voir dans les actes que ces hommes vendaient, donnaient, léguaient, échangeaient leurs terres ; il n'est donc pas douteux qu'ils n'eussent sur elles un droit de propriété aussi complet que celui qui était consacré par les lois romaines.

Regardons les codes qui furent écrits peu de temps après l'invasion des Francs ; ils nous présentent l'image non d'un peuple de guerriers, mais d'un peuple de propriétaires. Ils ne sont pas faits pour une troupe d'hommes vivant en commun, ils sont faits pour une société où l'individu vit et possède isolément. Riche ou pauvre, chacun a sa maison, son champ qui est bien à lui, sa clôture et sa limite inviolable qui enferme sa propriété. Si la terre était en commun, les lois ne régleraient que des partages de jouissance ; ce qu'elles protègent au contraire, c'est toujours la propriété individuelle ; ce qu'elles garantissent avant toute chose, c'est l'héritage. Il est surtout digne de remarque que ces codes germaniques ne contiennent aucune disposition qui soit relative au bénéfice. Ce n'est pas que ce mode de possession n'existât déjà au moment où ils ont été rédigés ; mais ils n'en tiennent aucun compte, ils ne lui accordent aucune protection légale. Ils n'admettent et ne semblent connaître que la propriété pleine, absolue, sans conditions et sans dépendance, celle qui est transmissible par succession ou par vente, celle enfin qu'ils trouvaient établie dans les lois da la population indigène.

Si nous nous plaçons au milieu de la période mérovingienne, c'est-à-dire au VIIe siècle, et si nous consultons les chartes, les diplômes, les actes de testament ou de donation, les formules, enfin tout ce qui marque en traits précis la manière dont les intérêts sont constitués dans une société, nous y voyons que le droit de propriété individuelle a traversé sans aucune atteinte la crise de l'invasion germanique. Du IVe au VIIe siècle, il a conservé tous ses traits essentiels et n'a rien perdu de sa force. Les deux populations le comprennent et le pratiquent de la même manière. On a les formules de vente des biens fonciers ; on y lit : « Je vous vends ce domaine, qui est ma propriété et que le tiens d'héritage, ou que j'ai acheté ; je vous le vends sans nulle réserve ; je le transporte de mon droit au vôtre, de ma propriété et puissance en votre puissance et propriété. » On a d'autres formules où l'on voit des frères se partager un héritage ; on en a où le père règle à l'avance sa succession. Dans quelques-unes, le testateur, qui est un Gaulois, invoque la loi romaine ; dans d'autres, le testateur est un Franc, et il mentionne la loi salique ; dans toutes, la propriété se présente comme incontestablement héréditaire. On a des formules de donation ; les unes sont rédigées par des Gallo-Romains, d'autres le sont par des Francs, comme l'acte de 570 où la donatrice est une fille de Clovis ; partout il est fait mention de terres qui sont possédées en propre et avec un droit complet. Que la donation ait lieu par charte ou qu'elle soit faite avec les symboles germaniques, la formule, à un ou deux mots près, est la même ; les mêmes expressions servent au Gaulois et au Germain. L'un et l'autre disent : « Je donne à perpétuité cette terre ; je vous la cède afin que vous la possédiez avec le plein droit de propriété, et que vos héritiers l'aient après vous ; vous pourrez la vendre, la donner, la léguer ; vous ferez d'elle tout ce qu'il vous plaira d'en faire. » On reconnaît dans ces formules la *plena in re polestas*, le *jus utendi et abutendi* dont parlaient les jurisconsultes romains. Ainsi entre les deux époques, à travers l'invasion germanique, la tradition de la propriété n'a pas été interrompue. Telle elle était dans le droit romain, telle nous la retrouvons dans le droit et dans la pratique de la société mérovingienne[2].

Dans la langue du VIe et du VIIe siècle, plusieurs mots également expressifs désignaient cette pleine et absolue propriété. En général, on garda les noms de la langue latine, ainsi qu'il était naturel pour exprimer un droit que l'on trouvait établi chez les populations gallo-romaines. Dans les chartes, les formules, les actes législatifs, la propriété est presque toujours appelée *proprietas, potestas, dominatio* (l'ancien mot *dominium*) ; ces trois expressions sont toutes romaines et appartiennent au droit de l'empire. Les codes des Francs-Ripuaires et des Francs-Saliens désignent la terre possédée en propre par l'expression toute latine aussi de *terra aviatica*, terre des ancêtres. Les Burgondes, les Wisigoths et les Ripuaires l'appellent *sors* ; ce mot désigne chez eux le patrimoine comme il le désignait au temps des Romains, et il s'applique indifféremment au patrimoine des indigènes et à celui des barbares[3]. La langue germanique avait aussi des termes pour désigner le sol qui était devenu propriété privée. Elle l'appelait *terre salique*. Cette expression ne signifiait pas terre du Franc-Salien, car elle était aussi en usage chez les Ripuaires, chez les Alamans et chez d'autres Germains que chez les Saliens eux-mêmes ; tous ces peuples appelaient terre salique le sol qui était possédé en propre et héréditairement. Le mot se retrouve dans la langue germanique du moyen âge sous les formes de *sal-gut* ou *sal-land* avec la même signification. Les Anglo-Saxons appelaient cette même terre *boc-land*. L'un des termes les plus usités chez les populations gallo-franques était celui de *alode*. Ce mot, qui en s'altérant est devenu *alleu*, est celui qui dans toute l'histoire de la France jusqu'en 1789 a désigné la vraie propriété foncière.

Ce mot *alleu* fait d'abord illusion. Comme il ne se montre qu'à partir du VIe siècle, on est porté à croire que la chose qu'il exprime ne date aussi que de cette époque ; comme d'ailleurs il ne se rencontre qu'après l'invasion germanique, il semblerait à première vue qu'il désignât une sorte de propriété purement et exclusivement germaine. Si l'on se reporte aux documents, on voit qu'il n'était qu'un synonyme des mots latins *proprietas* et *hereditas*, les trois termes sont maintes fois employés l'un pour l'autre dans les mêmes textes. Les codes des Saliens et des Ripuaires ont chacun un chapitre intitulé *de alode* ; dans tous les articles de ce chapitre, le mot *alode* est remplacé par *hereditas*. Dans la loi des Bavarois l'*alleu* est le patrimoine, c'est-à-dire la terre qu'on a reçue de ses ancêtres. On lit dans un cartulaire : « Cette terre, qui est ma propriété héréditaire, c'est-à-dire mon alleu. » Un ancien chroniqueur s'exprime ainsi : « L'héritage paternel, que les gens de notre pays appellent alode ou patrimoine. » Un évêque écrit dans son testament : Je lègue cette terre qui m'est échue par alleu de mes parens. » Rien n'est plus fréquent que de rencontrer des expressions comme celles-ci : le donne en alleu, ou le reçois en alleu ; elles signifient simplement qu'on donne ou qu'on reçoit une terre en toute propriété.

On a fait beaucoup d'efforts pour trouver l'origine de ce mot ; les uns l'ont rattaché à la langue latine, les autres au celtique ; aujourd'hui, avec un peu plus de vraisemblance, on le fait dériver de radicaux germains. Quoi qu'il en soit de ces conjectures étymologiques, ce que l'on peut dire avec certitude, c'est que le mot *alode* ne se lit que dans des textes écrits en latin, que, s'il se rencontre dans quelques codes germaniques, ce n'est que dans ceux qui ont été rédigés par l'ordre de princes qui régnaient en Gaule, — que c'est surtout dans ce pays qu'il a été usité, — qu'on le trouve plus fréquemment employé dans l'ouest, le centre et le sud de la Gaule que dans le nord et dans l'est, — que, si on le rencontre parfois sur les bords du Rhin, on le rencontre beaucoup plus souvent dans les pays de Tours, d'Angers, de Nantes, de Saintes, dans l'Ile-de-France et le Ponthieu, dans le Dauphiné et la Provence, dans le Languedoc et l'Aquitaine, et qu'il devient ainsi plus fréquent à mesure qu'on s'éloigne de la Germanie[4]. On peut remarquer encore que ce mot n'était nullement particulier à la race franque ; beaucoup de chartes ou d'actes rédigés par des Francs désignent l'héritage par les mots *hereditas* ou *res propriæ*, tandis que des actes rédigés par des Gallo-Romains, inscrits sur les registres des curies, et où l'on invoque les lois romaines, emploient le mot *alode* [5]. Plusieurs formules qui sont du commencement du VIe siècle, fort peu postérieures par conséquent à l'établissement de quelques Germains dans l'ouest, montrent que ce mot était déjà d'un usage ancien et vulgaire dans l'Anjou et la Touraine, et elles ne laissent voir à aucun signe que ni le mot ni la chose fût une nouveauté ou une importation étrangère. Ceux qui rédigeaient ces formules étaient des hommes qui avaient l'habitude de parler et d'écrire en latin, qui d'ailleurs pesaient les mots et étaient attentifs à en conserver le sens propre ; or aucun de ces hommes ne nous avertit que le mot alode n'appartienne pas à sa langue habituelle ; ils disent indifféremment héritage, alleu, propriété, comme si les trois termes, exactement synonymes, étaient d'un égal usage et d'un même idiome.

La nature de l'alleu apparaît dans les documents d'une manière bien nette. On n'y voit jamais que l'alleu fût affecté à une classe particulière de personnes ; on n'y voit pas non plus qu'il fût réservé aux hommes de race germanique. L'alleu est aussi souvent dans les mains d'un Gaulois que dans celles d'un Franc ; on le rencontre même dans les mains des femmes. Quiconque avait le droit de propriété avait aussi l'alleu, car l'alleu et la propriété étaient une seule et même chose. L'alleu n'était pas spécialement la terre du guerrier ; on ne disait pas de lui qu'il était acquis par l'épée ; ni cette expression ni aucune autre qui lui ressemble ne se lit dans les documents. Nous ne voyons jamais non plus qu'il s'y attachât l'idée d'une conquête ; toutes les chartes et les actes disent formellement que la seule origine de la propriété allodiale est l'héritage. L'alleu ne constitue d'ailleurs aucun privilège et ne confère aucune noblesse. Il n'est pas autre chose à cette époque qu'un bien foncier, une part de sol sur laquelle l'individu exerce un droit complet de propriété ; il appartient aussi bien à un ecclésiastique qu'à un laïque, à un laboureur qu'à un soldat, à un pauvre qu'à un riche.

Il ne faut pas d'ailleurs nous faire de l'alleu de ces temps-là l'idée qu'on s'en est faite plus tard. Au milieu de la féodalité, l'alleu apparaîtra comme une exception rare et singulière ; on se le représentera comme une terre indépendante de toute espèce d'autorité, exempte de tout impôt et même de toute juridiction ; on dira de lui qu'il est tenu de Dieu. Ces traits ne s'appliquent pas à l'alleu des premiers siècles du moyen âge ; il n'est pas encore une exception ; toute terre peut être possédée en alleu. Les documents montrent qu'il est exempt de toute redevance ayant un caractère privé, c'est-à-dire de toute espèce de fermage[6] ; mais ils ne disent jamais qu'il soit exempt d'impôts ni indépendant des pouvoirs publics. Ils lui attribuent invariablement deux caractères essentiels : premièrement l'alleu ne doit ni rente, ni service d'aucune sorte, ni foi, ni rien qui ressemble à ce qu'on appellera plus tard l'aveu ou le relief ; deuxièmement il est héréditaire, transmissible à volonté, susceptible d'être donné, vendu, légué. Nous avons constaté que la propriété romaine avait exactement les mêmes caractères. Que l'on compare les formules et les actes de l'époque mérovingienne au Digeste et aux codes impériaux, on reconnaîtra que tous les attributs de la propriété romaine se retrouvent dans l'alleu, et l'on reconnaîtra aussi que l'alleu n'a aucun attribut qui ne fût déjà dans la propriété romaine[7].

---

1. Un savant publiciste, avec qui nous regrettons de ne pas nous trouver d'accord sur ce point, M. de Laveleye, a cru trouver dans les *consortes* que mentionnent les lois des Burgondes et des Wisigoths la trace d'une sorte de propriété commune. Le mot *consortes* appartient à la vieille langue latine ; il désigne proprement les hommes qui possédaient entre eux le lot de terre appelé *sors*. Ce lot était une unité à peu près indivisible ; M. Giraud a bien montré qu'une fois établi par la religion il restait immuable. Les successions et les ventes partageaient le lot, mais ne le brisaient pas. Chaque nouveau domaine qui se formait par le partage s'appelait non pas *sors*, mais *portio*. Ce mot, très employé au temps de l'empire, resta en usage sous les Mérovingiens ; on le retrouve souvent dans les actes. Les familles qui avaient des *portiones* sur le même *sors* étaient *consortes* entre elles de père en fils ; pourtant il n'y a rien là qui ressemble à une propriété commune : il existait seulement entre ces familles un certain lien religieux et même légal, qui s'était établi au temps de l'empire, dont on trouve des marques chez les *agrimensores* et dans les codes romains, qui fut respecté par les premiers codes rédigés par les Germains, mais qui ne tarda guère à disparaître, et que l'on ne trouve plus au VIIe siècle.
2. *Recueil général des formules usitées dans l'empire franc du cinquième au dixième siècle*, par Eug. de Rozière. — *Diplomata, chariæ*, édit. Pardessus.
3. Loi des Ripuaires, tit. 62 ; loi des Burgondes, tit. 14 et 78, où l'on voit que *sors* est synonyme *de hereditas* ; loi des Wisigoths, liv. X, tit. I, § 7, où *sors* signifie clairement droit de propriété ; *ibid.*, VIII, 8,5 ; *ibid.*, X, 2,1.
4.
5. On peut voir par exemple les formules qui portent les n° 130, 219, 221 et 260 dans l'édit. de M. de Rozière. — Ajoutons que l'église, qui fut, comme on sait, si fidèle au droit et à la langue de Rome, se sert du mot *alode* dans ses actes. *Ibid.*, n° 327.
6. C'est le vrai sens du mot *immunis* au VIIe siècle ; on en voit la preuve dans cette formule de donation où un simple particulier dit : « Je vous fais don de cette terre ; vous la posséderez avec le plein

droit de propriété, sans m'en payer aucune redevance, avec une entière immunité. » *Formules*, édit. de Rozière, n° 101.

7. Un chroniqueur du Xe siècle, Sigebert de Gembloux, exprime l'idée d'alleu par les termes du droit romain *res mancipi*. Plus tard, Pithou définit l'alleu ainsi : *alodium, res mancipi, proprietas*. Salvaing l'assimile à ce que les jurisconsultes du IIIe siècle appelaient *jus italicum*. Voir Galland, *Du franc-alleu*, et Ch. Giraud, *Recherches sur le droit de propriété*, p. 304 et suiv.

3

DE LA POSSESSION BENEFICIAIRE DANS L'EMPIRE ROMAIN.

A côté du droit de propriété que nous venons de décrire, il y a eu durant les mêmes siècles un certain mode de possession de la terre qui en a été tout à fait distinct et auquel s'est attachée la dénomination de bénéfice. La nature de cette possession apparaît avec une parfaite clarté dans les documents de l'époque mérovingienne. Pour s'en faire une idée juste, il suffit d'observer les termes qui étaient employés dans le langage usuel pour la désigner. Le mot bénéfice appartenait à la langue des populations gallo-romaines ; il conservait encore au VIIe siècle la signification qu'il avait toujours eue en latin, et l'idée qu'il présentait à l'esprit était celle de bienfait et de faveur. Aussi ne disait-on pas *posséder un bénéfice*, ce qui n'eût offert aucun sens ; on disait *posséder par bénéfice*, c'est-à-dire par bienfait ou en vertu d'un bienfait. Les expressions que l'on rencontre le plus souvent dans les actes sont celles-ci : la terre que vous occupez par mon bienfait, ou la terre que je tiens par votre bienfait. Ce terme ne désignait donc pas l'objet possédé ; il désignait le titre en vertu duquel on possédait. Les mots *précaire* et *bénéfice* exprimaient le même objet sous ses deux faces diverses ; l'un marquait la prière de celui qui avait demandé, l'autre la bonté de celui qui avait accordé ; tous les deux se rapportaient au même acte : aussi disait-on indifféremment posséder en précaire ou posséder par bienfait [1]. Les formules relatives à ce genre de concession s'appelaient des précaires, et c'était une règle invariable que dans chacune d'elles on mentionnât à la fois la prière de l'un et le bienfait de l'autre.

Un grand nombre de chartes montrent que le bénéfice était déjà d'un grand usage au commencement du VIe siècle, et aucune d'elles ne donne d'ailleurs à entendre qu'il fût alors une nouveauté ; il était en effet depuis longtemps dans la pratique et dans les habitudes des hommes. Posséder la terre par bienfait était chose inconnue en Germanie ; cela était au contraire fort ancien dans la société romaine.

On a cru voir l'origine du bénéfice et du fief dans l'habitude que prirent quelques empereurs de concéder des terres sous la condition d'un service militaire perpétuel. Il était fréquent en effet que des cantons situés aux frontières fussent distribués à des soldats qui contractaient la double obligation de les cultiver et de les défendre contre l'ennemi. Ces hommes n'étaient possesseurs du sol qu'à charge d'être soldats, et ils ne le laissaient à leurs fils qu'autant que ceux-ci étaient soldats à leur tour. Cette sorte de possession conditionnelle n'est pas sans analogie avec le bénéfice ; elle en diffère pourtant, ainsi que nous le verrons tout à l'heure, par les caractères les plus essentiels. La condition du service militaire qui y était attachée, loin de constituer une ressemblance entre elle et le bénéfice mérovingien, est au contraire ce qui l'en distingue formellement. Elle disparut d'ailleurs avec l'empire romain ; ni les rois ne pensèrent à la rétablir, ni les guerriers germains à la demander. On n'en trouve aucune trace dans le régime féodal, et l'on ne voit pas comment elle aurait pu être l'origine du bénéfice et du fief. C'était ailleurs et sous une autre forme que le précaire ou la possession par bienfait se rencontrait dans la société de l'empire romain : elle avait sa place dans la vie privée, dans la pratique des particuliers, et c'est de là qu'elle a passé dans les sociétés du moyen âge.

Les faits sociaux qui ont le plus d'importance ne sont pas toujours ceux qui sont le plus en saillie et qui apparaissent à première vue. Le précaire ou bénéfice romain ne se montre pas tout d'abord ; on le chercherait en vain dans la législation des *douze-tables*, dans les codes proprement dits des empereurs ou dans les Inslitutes. La raison en est simple : c'était un acte étranger au droit civil et pour ainsi dire extra-légal [2]. Ce premier caractère est digne d'attention : nous le retrouverons dans le bénéfice mérovingien. S'il était en dehors du droit civil (*jus civile*) et s'il n'appartenait qu'au droit naturel (*jus gentium*), il était pourtant d'un usage trop fréquent et touchait à trop d'intérêts pour que les préteurs n'en tinssent pas compte et pour que les jurisconsultes pussent le négliger. Cicéron en parle en termes assez clairs ; Antistius Labeo et Massurius Sabinus, contemporains d'Auguste et de Tibère, en traitaient dans leurs écrits ; Gaius, Paul, Ulpien, s'en occupèrent. Le *Digeste* nous a conservé plusieurs sentences de ces jurisconsultes qui nous permettent de juger ce qu'était le précaire romain. « Le précaire, dit Ulpien, est ce qui est concédé à la prière d'un homme. » Dans le précaire, il n'y avait jamais contrat : aussi ne disait-on jamais contracter un précaire ; on disait demander ou accorder en précaire. Les deux parties n'étaient pas deux contractants ; l'une était un homme « qui avait prié, » l'autre était un homme qui avait cédé à une prière. De là résultait un acte qui n'était pas une obligation, mais qui était une faveur ; on l'appelait une libéralité, une largesse, une munificence, un bienfait.

Le jurisconsulte ajoute que le précaire est accordé à la prière d'un homme « pour qu'il en ait la jouissance aussi longtemps qu'il plaira au concédant. » Le précaire en effet ne se confondait pas avec la donation ; celle-ci conférait la propriété, celui-là n'accordait jamais qu'une possession ; l'une était faite à perpétuité, l'autre était toujours révocable. C'est que le précaire était un acte de pure volonté : or il n'était pas admis en droit que la volonté seule fût une cause suffisante pour créer une obligation. L'homme qui avait accordé en vertu de sa seule volonté ou en vertu de la seule prière d'un autre n'était jamais lié ; sa volonté pouvait changer, la concession cessait aussitôt, et la terre qu'il avait concédée rentrait dans sa main, « car il est conforme à l'équité, dit

Ulpien, que vous ne jouissiez de ma libéralité qu'aussi longtemps que je le voudrai, et que cette libéralité soit révoquée aussitôt que ma volonté aura changé. » « L'auteur du bienfait, dit un autre jurisconsulte, est le seul juge de la durée qu'il veut donner à son bienfait [3]. » Cela tient à ce qu'il n'y avait ni contrat ni engagement d'aucune sorte. Dans le contrat de louage, le propriétaire, en échange de certains profits stipulés, permettait que ses droits fussent amoindris ou suspendus : rien de pareil dans la concession ; il ne faisait que conférer un bienfait sans autre motif appréciable que sa propre bonté. Cette bonté ne pouvait ni effacer ni diminuer son droit ; le sol ne cessait donc pas un seul moment d'être à lui. Il souffrait qu'un autre l'occupât, mais ce renoncement volontaire à la possession laissait intacte la propriété.

Le précariste de son côté ne pouvait être investi d'aucun droit. Son seul titre, ainsi que le dit le jurisconsulte, était que « sa prière avait obtenu un bienfait ; » or ce n'était pas un titre vis-à-vis de la loi. Il est bien vrai que le préteur, à défaut du droit civil, lui accordait quelque protection ; il le garantissait par ce qu'on appelait un interdit contre toute personne tierce qui aurait voulu lui disputer sa possession ; mais il ne le protégeait en aucune façon contre le propriétaire qui voulait reprendre son bien. Le fermier, en vertu de son contrat, avait des droits et pouvait agir en justice contre son propriétaire ; le possesseur par bienfait n'avait aucun droit vis-à-vis de son bienfaiteur ; évincé par lui, il n'avait aucun recours. En vain se serait-il présenté devant le juge, en vain aurait-il exhibé sa lettre de concession : il y avait dans cette lettre même un mot qui le condamnait ; c'était le mot qui constatait sa prière et le bienfait du donateur. Aussi le juge n'avait-il qu'une formule à prononcer : « Ce que tu tiens en précaire, restitue-le[4]. »

La volonté du bienfaiteur était donc la règle unique des relations entre les deux parties. Aucune convention formelle n'indiquait au bénéficiaire ses obligations ; mais il était entendu que, s'il voulait conserver le bienfait, il fallait qu'il continuât à le mériter. Ses obligations étaient plus rigoureuses que si elles eussent été fixées par un contrat. Il n'était ni lié ni protégé par des clauses précises ; il était à la merci de son bienfaiteur. Comme il n'avait d'autre titre au bienfait que la supplique qu'il avait adressée, il restait placé vis-à-vis du propriétaire dans l'attitude perpétuelle d'un suppliant. Pour que la terre ne lui fût pas reprise, il fallait en quelque sorte que sa prière fût renouvelée chaque jour et le bienfait chaque jour accordé. Il n'est pas douteux d'ailleurs qu'il n'eût le droit de rendre la terre et qu'il ne se dégageât par cela seul de toute obligation. Il est à peine besoin d'ajouter que la concession, qui ne faisait que répondre à la prière d'un homme, était nécessairement personnelle à cet homme : s'il mourait, la terre revenait aussitôt au propriétaire ; nul ne pensait que l'hérédité fût possible[5].

Tel est le précaire romain. Il ne ressemble pas encore de tout point au bénéfice mérovingien, moins encore au fief du moyen âge. Avant qu'il n'arrive à être le fief, il faudra qu'il traverse une série de faits sociaux qui le modifieront. Du moins il a déjà les caractères essentiels qui se retrouveront plus tard dans le bénéfice et même dans le fief : en premier lieu, il exige une prière et un don, c'est-à-dire qu'il ne peut se constituer sans la double formalité d'une demande et d'une faveur ; en second lieu, il ne confère jamais une propriété, il ne confine qu'une possession ou une jouissance [6] ; enfin il établit entre les deux hommes un lien de dépendance personnelle qui commence et qui cesse avec lui.

Le précaire était fort ancien dans la société romaine ; mais il n'y tenait pas d'abord une grande place. C'est surtout dans. les derniers temps de l'empire qu'il paraît avoir pris de l'importance. Les propriétaires, les corporations, les villes, les temples païens et les églises chrétiennes donnaient fréquemment leurs biens en précaire. Le prêtre Salvien, au commencement, du Ve siècle, parle comme d'une chose connue de tous des biens qui étaient concédés en largesse ou en bienfait ; il montre clairement que l'homme qui accordait ainsi sa terre ne renonçait pas pour cela à son droit de propriété ; le concessionnaire ne pouvait jamais dire que la terre fût à lui, et il était soumis envers le concédant à un ensemble de devoirs dont la négligence constituait le délit formel d'ingratitude ou d'infidélité.

Il ne serait pas conforme à la nature humaine que ces concessions eussent été gratuites. On voit, il est vrai, que la gratuité fut d'abord une condition du précaire romain ; si un prix avait été stipulé dans l'acte, le précaire se fût transformé par cela seul en un contrat, et c'était ce qu'on voulait éviter. Cependant on peut bien croire que cette gratuité était dans la plupart des cas plus apparente que réelle ; le bienfaiteur avait toujours des moyens indirects de mettre un prix à son bienfait. Une concession révocable à volonté ne peut être qu'une concession conditionnelle ; le précaire était donc presque toujours un véritable marché et ressemblait en plusieurs points à la location. Il est digne de remarque que dans les derniers temps de l'empire l'usage de la location tendit peu à peu à disparaître. Ce fait singulier s'explique, si nous songeons qu'un grand changement venait de s'opérer dans la nature du colonat ; le fermage libre avait à peu près disparu au IIIe siècle et avait été remplacé par la servitude de la glèbe. Il s'était formé insensiblement par l'effet combiné des mœurs, des nécessités sociales et des lois des empereurs, un principe universellement admis en vertu duquel il suffisait d'être locataire ou cultivateur de la terre d'un homme pour devenir presque infailliblement l'esclave de cet homme. Prendre une terre à loyer, c'était s'exposer à être confondu avec un colon et à tomber dans la servitude. Par le précaire, on ne courait pas les mêmes risques, car on était réputé véritablement possesseur [7], et la liberté de l'homme était garantie par le droit égal qu'avaient les deux parties de « rompre le précaire » à leur volonté. C'est probablement pour ce motif que dans les derniers temps de l'empire le précaire prit insensiblement la place de la location. Le terrain que perdait le fermage libre fut occupé par la concession bénéficiaire.

Le précaire romain donnait lieu à un autre genre de convention. Pour en présenter une idée, il nous suffira de citer une loi impériale du Ve siècle qui a été conservée dans le code de Justinien. Cette loi est relative aux terres du domaine des églises : elle prononce que les églises ne pourront aliéner leurs biens ni par vente, ni par donation, ni par échange ; elle leur permet seulement de céder en précaire et dans la forme suivante. Quand une église concédera à un homme, en vertu de sa demande ou de sa prière, une terre de son domaine, il faudra que cet homme, en échange du bienfait, lui fasse donation d'une autre terre de même valeur ; il obtiendra alors les deux terres en usufruit pour un nombre d'années déterminé ou pour toute sa vie ; l'église les reprendra ensuite toutes les deux[8]. Rien ne prouve que ce genre de convention fût propre à l'église. Si l'église l'employa, si les empereurs l'autorisèrent, il est vraisemblable qu'il était déjà en usage chez les particuliers, et il explique les progrès de la grande propriété à cette époque. Nous le retrouverons d'ailleurs dans toute la période mérovingienne.

Enfin le précaire apparaît encore sous une dernière forme à la fin de l'empire romain. Les lois du IVe et du Ve siècle signalent et combattent un usage toujours croissant qu'elles appellent le patronage des fonds de terre, *fundorum patrocinia*, elles ajoutent que beaucoup de petits propriétaires et même de curiales, en vue de se soustraire à l'impôt ou pour obtenir en justice la protection d'un puissant personnage, plaçaient leurs terres sous le nom de cet homme, c'est-à-dire lui cédaient leur titre de propriété. Le législateur, qui poursuit de toutes ses sévérités cette sorte de pacte, ne nous apprend pas à quelles conditions et sous quelle forme il était conclu ; mais un écrivain de la même époque, le prêtre Salvien, nous le fait bien voir. « Le faible, dit-il, se met entre les mains d'un puissant pour être protégé ; celui-ci ne le reçoit sous son patronage qu'en commençant par le dépouiller, car le malheureux doit avant toutes choses faire l'abandon de son bien. » Il continue à la vérité à occuper sa terre ; mais il n'en a plus que l'usufruit. « Pour que le père ait un protecteur, ajoute Salvien, le fils perdra l'héritage ; le père possédera temporairement, le fils sera dépouillé à jamais, car cet homme a cessé d'être un propriétaire : désormais il paie la rente de son champ, et son champ n'est plus à lui. » Tel est donc le résultat de la convention qui a été conclue entre ces deux hommes ; le faible s'est adressé au puissant, et, pour obtenir sa protection, il lui a livré sa terre. Cette terre lui a été rendue, non plus en propriété, mais en simple jouissance, non par un contrat formel de louage, mais par simple précaire ou par bienfait. Ce qu'il avait autrefois en vertu de son droit personnel, il ne l'a plus que par la grâce de ce protecteur dont il a fait un patron de sa terre, *fundi patronum*. S'il la possède encore, c'est sous le domaine éminent de l'homme qui en est devenu le vrai propriétaire : il ne la conservera qu'aussi longtemps que cet homme voudra bien la lui laisser ; son fils n'y aura plus aucun droit, et, s'il obtient de succéder à son père, ce ne sera qu'en vertu d'une concession nouvelle.

Ainsi dès le temps de l'empire romain la terre possédée en précaire ou en bienfait n'était pas toujours celle qu'un riche avait donnée à un pauvre. Le précaire s'opérait souvent en sens inverse. C'était un droit de propriété qui se changeait en une simple jouissance, ou, ainsi qu'on dira plus tard, un alleu qui se changeait en bénéfice. Ce qui est surtout frappant ici, c'est que la condition de l'homme se transformait en même temps que celle de la terre. Il était impossible en effet que la concession en précaire n'entraînât pas la subordination personnelle de l'homme. Ce bienfait, toujours révocable, le mettait dans la dépendance de celui qu'il devait considérer forcément comme un bienfaiteur, et qui dans la réalité était un maître. Nous ne pouvons certainement pas supposer que les règles de cette sorte de sujétion fussent aussi nettement établies au Ve siècle qu'elles l'ont été dans les siècles suivants. Il serait surtout inutile de chercher ces règles dans le droit romain, car le précaire et tout ce qui s'y rattachait était en dehors du droit. La législation romaine repoussait surtout cette subordination de l'homme à l'homme ; elle combattait de toutes ses forces le patronage et la dépendance personnelle. A ses yeux, tous les hommes libres étaient égaux, c'est-à-dire également sujets de l'état ; mais, si on lit Salvien, saint Augustin, Sidoine Apollinaire, on y reconnaîtra un état social déjà fort différent de celui dont les lois impériales persistent à tracer le tableau. Les noms de client et de maître se rencontrent fréquemment, et ils indiquent assez qu'en dehors même de l'esclavage proprement dit il s'est formé entre les hommes libres tout un. ensemble d'obligations qui constituent déjà une véritable hiérarchie. Les lois n'en parlent pas, mais la vie privée en est pleine. C'est qu'en dépit des lois le précaire et la clientèle se sont développés en même temps. Ces deux institutions se sont pour ainsi dire combinées, et elles ont donné naissance à tout un ordre d'intérêts et de relations sociales. Le client de cette époque n'est ni un esclave, ni un colon, ni un fermier ; il est la plupart du temps un homme qui occupe la terre d'autrui. Comme il l'occupe sans autre titre qu'une prière et un bienfait, il faut qu'il se soumette à toutes les volontés de celui qui a toujours le droit de la. lui reprendre. Sans être esclave, il dépend en toutes choses de celui « dont il tient ; » il lui doit plus qu'un fermage, il lui doit le sacrifice de son indépendance et de sa personnalité, il lui doit sa foi. On l'appelle un client, — on pourrait déjà l'appeler un fidèle. Dans quelques siècles, les lois lui marqueront ses devoirs ; les mœurs et la nécessité les lui indiquent déjà.

---

1. *In beneficio tenere et precario more*, charte citée par Ducange au mot *beneficium*. — Comparer les deux formules de l'édition de M. de Rozière, n° 328, 2, et 329, 2, dans lesquelles les mots *per nostram precariam* sont exactement synonymes de *per nosrum beneficium*.
2. *Quod genus liberalitatis ex jure gentiuin descendit*. Ulpien au *Digeste*, livre 43, titre 26.
3. Aussi est-il probable que l'acte de concession indiquait soigneusement la volonté du concédant sans alléguer aucun autre motif. La seule formule romaine qui nous ait été conservée relativement à une sorte de précaire porte en effet : *Id te ex voluntate mea facere* (Scœvola, au *Digeste*, liv. 39, tit. 5, n°. 32 ; . On ne peut guère douter que ces mots n'eussent une valeur limitative ; ils indiquaient que le concessionnaire n'avait et n'aurait jamais aucun autre titre que la volonté du concédant. La même expression

(*voluntas*) se retrouve avec une remarquable persistance dans les formules du précaire ou du bénéfice mérovingien.
4. *Digeste*, XLIII, 26, 2. L'Idée de précaire, était incompatible avec le droit ; c'est ce qu'on voit dans la vieille formule : *si nec vi, nec clam, nec precario possides*. *Digeste*, XLIII, 18 ; Cicéron, *in Rullum*, III, 3.
5. *Digeste*, XLIII, 20, 12.
6. Il est même incompatible avec la propriété ; *precarium possessionis rogatur, non proprietatis*, dit Ulpien. C'est aussi le trait caractéristique du bénéfice et du fief.
7. C'est ce qui ressort des textes d'Ulpien, de Gaius et de Pomponius, au *Digeste*, livre 43, titres 26, 2, 4, 9, 15 et 17. Le fermier au contraire n'était pas réputé possesseur. *Ibid.*, 43, 20, 6 ; cf. *Digeste*, 41, 2, 37 et 40 ; 41, 3, 33.
8. Code Justinien, I, 2, 14 ; I, 2,17 ; les expressions *pro petitione* et *beneficii gratia* qui se trouvent ici sont caractéristiques du précaire. D'ailleurs cette sorte d'acte s'est continuée sans interruption aux siècles suivants dans la société franque, et le nom de précaire y est resté attaché. Ce n'est en effet que l'ancien précaire romain avec l'adjonction d'une clause précise qui n'est peut-être pas aussi nouvelle qu'elle le parait.

4

DE LA POSSESSION BENEFICIAIRE DANS LA SOCIETE GALLO-FRANQUE.

Si nous passons de la société de l'empire romain à la société gallo-franque, nous y trouvons ces mêmes habitudes et ces mêmes institutions ; elles n'ont fait que grandir et se fortifier, et, comme l'autorité publique ne les combat plus, elles apparaissent au grand jour. A la veille des invasions germaniques, la plus grande partie du sol était, pour ainsi dire, dans trois mains à la fois : en premier lieu, un homme riche en avait la propriété ; au-dessous de lui, un homme libre en avait la possession en précaire ; plus bas encore, un colon labourait et récoltait. Le premier était à la fois un propriétaire et un maître, *dominus* ; le second était un bénéficiaire, un client, un fidèle ; le troisième était un serf de la glèbe. Après les invasions germaniques, nous trouvons exactement les mêmes conditions sociales. Presque rien n'est changé de ce qui touche à l'état du sol et aux relations que le sol établit entre les hommes. Le droit complet de propriété se continue sous le nom d'alleu ; le colonat reste ce qu'il était à la fin de l'empire ; le bénéfice se développe en conservant pendant deux siècles les mêmes caractères et les mêmes règles qu'il avait eus dans la société impériale.

On peut voir dans les chartes et les formules combien la concession en précaire ou en bienfait différait de la donation. S'agissait-il d'une donation, voici la formule qu'on employait : « eu égard aux services que vous m'avez rendus, je vous fais don de cette terre, en telle sorte que vous la possédiez par droit de propriété, vous et vos héritiers après vous, sans en payer nulle redevance, avec pleine faculté de la vendre, louer ou donner, et de disposer d'elle suivant votre volonté[1]. » S'agissait-il d'une concession bénéficiaire, le langage était tout autre. De même que dans le précaire romain nous avons vu deux actes corrélatifs, la prière d'un homme et le bienfait d'un autre, de même le bénéfice de l'époque mérovingienne est constitué par deux formules qui se correspondent. Par l'une, l'impétrant donne acte de sa supplique et de sa prière, on l'appelle *precatoria* ; par l'autre, le concédant constate son bienfait et sa concession, on l'appelle ordinairement *præstaria*. L'impétrant s'exprime ainsi : « A maître un tel, moi un tel, votre suppliant, — je vous ai adressé une demande afin que telle terre, qui est à vous, me fût concédée par votre bienfait ; votre volonté m'accorde de la cultiver et d'en jouir ; mais je n'aurai pas le droit de la vendre, de la donner, ni d'en diminuer la valeur ; à ma mort, elle retournera dans vos mains sans aucune contestation de la part de mes héritiers[2]. » Le concédant répond :

« Comme vous êtes venu vers nous en suppliant, et que vous nous avez adressé une prière, notre volonté vous accorde cette terre, qui est à nous ; nous vous en faisons le bienfait ; vous n'aurez la faculté ni de la vendre ni d'en altérer aucune partie ; à votre décès, elle rentrera dans nos mains ou dans celles de nos successeurs[3]. » On reconnaît sans peine dans ce langage les deux traits caractéristiques du précaire romain, la prière et le bienfait.

Toutes ces formules sont écrites en latin, et il n'est pas possible de supposer qu'elles soient des traductions d'anciennes formules franques. L'esprit germanique ne s'y révèle par aucun symptôme. Pas un mot n'indique que la terre ainsi concédée en bénéfice soit le fruit de la conquête ; il n'y a pas d'indice de vainqueurs ou de vaincus, ni même de deux races distinctes. Aucun des termes qui expriment la concession bénéficiaire n'appartient à la langue des Germains ; ces formules et les nombreux actes qui s'y rapportent n'allèguent jamais ni une loi ni une coutume germanique. Il arrive au contraire assez souvent qu'elles se réfèrent aux lois romaines et qu'elles citent par exemple la *stipulatio aquiliana*. Dans celles qui étaient relatives à l'alleu, le droit germanique et le droit romain se rencontraient ; dans celles qui concernent le bénéfice, nous ne trouvons que le droit romain. On peut surtout remarquer que, si ces formules ne sont pas d'une latinité irréprochable, elles sont du moins rédigées précisément avec les termes qui étaient consacrés en droit romain, et que chacun de ces termes y conserve le sens exact qu'il avait sous l'empire. Les hommes qui les écrivaient n'avaient pas la correction du grammairien, mais ils avaient celle du juriste ou du praticien. Il ne se peut lire de pages plus foncièrement romaines.

On ne saurait dire exactement à quelle époque remontent ces formules. Le moine Marculfe, qui en fit un recueil au VIIe siècle, nous dit qu'elles lui ont été transmises par ses pères et qu'il les a trouvées dans la coutume du pays. D'autres ont été écrites dans l'Anjou au vie siècle, et il en est qui se rapportent à des actes datés de l'année 530. Il y a grande apparence qu'avant qu'on ne les mît en recueil plusieurs générations les avaient prononcées devant les tribunaux ou écrites sur les registres des curies. Rien ne prouve qu'elles ne soient pas aussi anciennes que l'usage du précaire romain. Si on les rapproche d'un fragment de formule qui nous a été conservé par Scœvola dans le *Digeste*, on y retrouvera le même trait caractéristique[4]. Il semble que du jurisconsulte Scœvola au moine Marculfe la formule se soit seulement développée, allongée, et qu'elle soit devenue plus explicite et plus claire. Une loi impériale avait tracé les règles d'après lesquelles devait être rédigé l'acte de précaire pour les terres de l'église ; les formules de l'époque mérovingienne reproduisent exactement les dispositions indiquées par cette loi [5].

Le précaire ou bienfait de l'époque mérovingienne produit aussi. les mêmes effets que le précaire romain : il ne confère qu'une jouissance. La concession n'est jamais perpétuelle ; souvent le terme de la jouissance est fixé, comme dans le précaire romain, à cinq ou à dix années[6], avec faculté de renouvellement. Plus souvent la jouissance est viagère : parfois elle s'étend au survivant de deux époux ; d'autres fois l'acte indique qu'elle passera au fils, mais qu'elle n'ira pas plus loin que la seconde génération[7]. On a trouvé une formule de concession de père en fils à perpétuité ; mais encore ne donne-t-elle pas la faculté de vendre, de léguer, dé laisser à des collatéraux, et elle stipule que le domaine fera retour au donateur à défaut de descendance directe et légitime. Souvent la durée de la jouissance n'est pas fixée : « j'occuperai votre terre, y est-il dit, aussi longtemps qu'il vous plaira. » Il n'y a pas un seul acte, une seule formule qui laisse supposer que le bénéfice fût héréditaire et transmissible au même titre que la propriété.

Il ne paraît pas non plus que le bénéfice fût jamais accordé sans conditions. Déjà sous l'empire il avait souvent les mêmes effets que la location sans se confondre pourtant avec le contrat de louage ; dans la société gallo-franque ce caractère s'accentua davantage, et quoiqu'on s'attachât à conserver à l'acte de précaire tous les traits essentiels du précaire romain, on ne craignit plus d'y insérer la clause d'un prix de fermage. On voit souvent le propriétaire exiger le paiement d'une redevance annuelle et en fixer le chiffre dans l'acte. « Vous me paierez, écrit-il, à titre de cens telle somme de deniers, et moyennant que vous vous acquittiez exactement de ce qui m'est dû, vous conserverez la terre toute votre vie. » Quelquefois on prend soin de spécifier qu'en cas de retard de paiement le bénéficiaire ne sera pas évincé et qu'il sera seulement tenu de payer une redevance double. Il nous a été conservé un acte daté de 625 et qui est ainsi conçu : « vous m'avez permis de tenir par votre bienfait, ma vie durant, ce domaine avec ses appartenances et dépendances ; de mon côté, je me suis soumis envers votre église au cens annuel de 4 livres de cire, de 6 livres d'huile, d'un bâton pastoral et d'un manteau pour l'évêque, de deux mesures de vin pour les chanoines, d'une demi-livre d'argent ; si je suis en retard pour le paiement, j'en porterai l'amende, mais je ne perdrai pas la terre. »

Une seconde espèce de convention est nettement indiquée dans es formules suivantes. D'une part, le bénéficiaire signe cet écrit : « je vous ai demandé, et votre bonté m'a accordé de tenir par votre bienfait une terre qui est à vous ; en échange de cette jouissance et aussi pour le salut de mon âme, je vous ai fait donation de telle terre qui était ma propriété par héritage. Tant que le vivrai, j'aurai la tenure et jouissance de ces deux terres ; je ne pourrai ni les aliéner, ni en diminuer la valeur, ni en tirer autre chose qu'un légitime usage ; à ma mort, l'une et l'autre seront reprises par vous. » Le concédant répond : « D'après votre prière, notre bonté s'est résolue à vous faire le bienfait de notre terre ; de votre côté, pour reconnaître notre bienfait, vous nous avez fait donation d'un bien qui était à vous par alleu ; ce même bien, vous nous l'avez demandé ; et nous vous le concédons à titre de bienfait, pour que vous en jouissiez pendant votre vie ; à votre mort, l'une et l'autre terre rentreront en notre puissance. » Ce pacte est exactement le même que celui qu'indiquait une loi impériale du Ve siècle.

Il est une condition que l'on s'attend à rencontrer et que l'on cherche naturellement parmi celles qui étaient attachées au bénéfice ; c'est celle du service militaire. On ne la trouve dans aucun acte, dans aucune formule du VIe ou du VIIe siècle. C'est que le bénéfice en ce temps-là n'avait nullement le caractère militaire qui a été plus tard inhérent au fief ; il s'en faut beaucoup qu'il fût spécialement affecté à récompenser des guerriers. Les actes et les diplômes nous montrent les bénéfices conférée à toute sorte de personnes, à des clercs, à de petits cultivateurs, à des lites, même à des esclaves[8]. La concession se paie, ici par une redevance en argent ou en nature, là par l'abandon de la nue propriété d'une autre terre, ailleurs par la subordination et la clientèle : nulle part le service de guerre n'est mentionné.

Les bénéfices des rois francs ne différaient pas de ceux des particuliers. Clovis et ses fils, en succédant ou en prétendant succéder aux empereurs, avaient pris possession du fisc impérial. Ils n'avaient probablement pas une idée bien claire de ce que pouvait être le domaine public ; ils le considérèrent comme une propriété personnelle, et les frères se le partagèrent entre eux suivant les règles qui s'appliquaient aux patrimoines. Ils firent aussi de ces terres ce que les particuliers et les églises faisaient des leurs. Ils trouvaient dans le droit privé qui était en vigueur autour d'eux deux actes distincts, la donation en propre et la concession en bénéfice ; ils usèrent de l'une et de l'autre.

La donation en propriété ou en alleu se rencontre dans un très grand nombre de diplômes des rois mérovingiens[9]. Il ne se peut imaginer un langage plus précis et plus net que celui qui y était employé. « Nous donnons, disent-ils, tel domaine de notre fisc, à perpétuité et sans aucune réserve : celui à qui nous le donnons y exercera tous les droits d'un propriétaire ; il en usera comme nous en usions jusqu'à ce jour ; il l'aura en sa pleine puissance, il en fera ce qu'il voudra, il le laissera à ses descendants ou à ceux qu'il choisira pour héritiers[10]. » A côté de ces donations, les rois faisaient des concessions en bénéfice. Les chartes qui y étaient relatives ne nous ont pas été conservées, et il n'y a pas à s'étonner qu'elles aient péri ; comme elles ne spécifiaient certainement ; pas la perpétuité, on n'avait aucun motif pour les garder longtemps ; on pouvait même avoir plus d'intérêt à les perdre qu'à les conserver. A défaut de chartes authentiques, les chroniqueurs attestent que les rois accordaient des terres en bénéfice, qu'ils pouvaient toujours les reprendre, qu'ils en restaient les vrais propriétaires, que ceux à qui ils en cédaient la jouissance n'avaient le droit ni de les vendre ni de les léguer, et qu'enfin, si elles passaient parfois du père au fils, ce n'était qu'en vertu d'une nouvelle concession formellement constatée par un acte nouveau[11]. La formule de ces actes nous a été conservée ; on avait soin d'y marquer, suivant le vieil usage, la prière de l'impétrant, le bienfait du concédant, enfin la durée limitée de la concession. Les rois ne faisaient donc pas autrement que les particuliers : ils n'avaient rien imaginé de nouveau ; ils se contentaient d'emprunter aux pratiques de la vie privée un mode de concession temporaire qui était depuis longtemps dans les mœurs de la société gallo-romaine.

Entre la donation en toute propriété et la concession en simple bénéfice, aucune confusion n'était possible. Les formules des deux actes étaient absolument différentes ; les termes sacramentels de l'une étaient l'opposé des termes qui étaient employés dans l'autre. L'une commençait toujours par mentionner des services rendus afin d'attribuer au donataire un droit personnel ; l'autre commençait par rappeler une prière afin de constater que le concessionnaire, n'avait et n'aurait jamais aucun droit. L'une assurait dans les termes les plus clairs l'hérédité et la perpétuité ; l'autre spécifiait avec la même clarté qu'il n'était accordé qu'une jouissance temporaire. Si la durée de cette jouissance n'était pas indiquée, c'est qu'il était entendu que le bienfait était révocable à volonté. On peut remarquer que presque tous les bénéficiaires dont les chroniqueurs font mention sont des fonctionnaires royaux : le bénéfice semble avoir été à peu près inhérent à la fonction ; il était juste qu'il cessât avec elle. En général, la donation en alleu récompensait les services passés, le bénéfice rémunérait les services présents[12].

On s'est demandé de nos jours si les bénéfices avaient été héréditaires ou viagers ; nous ne voyons à aucun indice qu'au VIIe siècle cette question ait été posée. Elle ne pouvait pas l'être, car il y avait contradiction absolue entre les mots bénéfice et hérédité. Qui disait bénéfice disait bienfait ou faveur, c'est-à-dire absence de tout droit chez le concessionnaire. Bénéfice et propriété étaient deux termes opposés qu'il était matériellement impossible de prendre l'un pour l'autre. Il ne pouvait venir à l'esprit de personne qu'un bénéfice fût une propriété héréditaire. Ce qui arrivait quelquefois, c'était qu'un homme qui avait reçu une terre en bénéfice désirât que la même terre lui fût donnée en propriété. Il s'adressait alors au roi, et, si sa demande était agréée, on dressait un second diplôme tout à fait différent du premier, et où l'on indiquait par une formule spéciale que la terre n'était plus concédée en bénéfice, mais qu'elle était donnée à perpétuité. Toutes ces règles étaient si simples, si justes, si clairement comprises et si universellement acceptées qu'elles ne pouvaient pas donner lieu à des contestations. Les luttes qui éclatèrent entre les rois et leurs leudes eurent pour objet les donations en alleu bien plutôt que les concessions en bénéfice. Plusieurs rois essayèrent en effet de reprendre ce que leurs prédécesseurs avaient donné à perpétuité ; ces prétentions furent repoussées au nom du droit, et les rois furent contraints à plusieurs reprises de signer une confirmation générale des dons qui avaient été faits par leurs prédécesseurs ou par eux-mêmes. Tel est le sens des fameux articles qu'on lit dans le traité d'Andelot et dans l'édit de 615. Ce que d'ailleurs on ne voit jamais, c'est que les leudes aient demandé aux rois de changer la nature des bénéfices ; jamais roi ne déclara qu'ils seraient héréditaires. Tels ils étaient sous les premiers Mérovingiens, tels on les retrouve sous Charlemagne.

Les règles qui les régissaient ne furent modifiées ni en ce qui concernait les concessions royales, ni en ce qui concernait celles des particuliers. Il n'était pas possible que l'aristocratie attaquât ces règles, car ce fut au contraire sur elles qu'elle fonda sa propre force ; c'est par elles, ainsi que la suite des événements le montre bien, qu'elle grandit et qu'elle régna. Si elle les avait combattues, comme on le dit quelquefois, elle aurait travaillé contre elle-même. Sans elles, elle n'aurait eu aucune force, elle n'aurait même pas existé ; les événements auraient pris un autre cours, et l'on ne voit pas comment le régime féodal aurait pu s'établir.

C'est en effet par le bénéfice et non pas par l'alleu que la propriété aristocratique et féodale s'est constituée. On se tromperait beaucoup, si l'on pensait que ce bénéfice fût le plus souvent une concession faite par le riche au pauvre, par le grand au petit. Le contraire était plus fréquent. Nous avons déjà vu que dans les derniers temps de l'empire romain beaucoup de petits propriétaires mettaient leurs champs « en patronage, » c'est-à-dire les plaçaient sous le domaine éminent d'un homme que sa richesse ou ses fonctions publiques rendaient puissant. Ils n'en étaient plus réellement propriétaires et n'en jouissaient qu'à titre de bienfait. Les empereurs condamnaient sévèrement cette sorte de pacte ; mais les mœurs et les nécessités étaient plus fortes que les décrets impériaux. Cette sorte d'attraction de la petite propriété par la grande se continua sous les rois mérovingiens. On vit se multiplier alors une sorte d'engagement que l'on appelait d'un nom tout romain l'obligation de la terre, *obligatio terrœ*, et qui s'accomplissait en trois actes distincts. Par le premier, le petit propriétaire faisait l'abandon complet de son champ. « Je donne et livre, disait-il, cette terre que je tiens d'héritage, que j'ai en alleu ; je. la transmets en votre propriété perpétuelle pour que vous en usiez en toutes choses suivant votre volontés » Dans un second acte, il implorait le nouveau propriétaire pour qu'il lui rendît ce même domaine en bénéfice. « Je vous adresse une supplication, écrivait-il, afin que votre bonté m'accorde de tenir cette même terre par votre bienfait. » Enfin un troisième acte était rédigé par le nouveau propriétaire, qui écrivait : « Vous occuperez ma terre eu vertu de mon bienfait ; vous n'aurez le droit ni de la vendre ni d'en aliéner aucune partie ; vous m'en paierez un cens de telle somme ; après votre mort, elle rentrera dans mes mains sans que vos héritiers y puissent prétendre[13]. » Par cette série d'opérations, un alleu s'était changé en bénéfice ; le droit de propriété sur la terre avait été transporté du pauvre au riche, du faible au fort, et l'ancien propriétaire n'était plus qu'un bénéficiaire.

Cette sorte de pacte fut renouvelée sur toutes les parties du territoire pendant trois siècles, et ce fut la source. de la plus grande partie des bénéfices, On a cru que les bénéfices, qui plus tard et après quelques modifications devinrent les fiefs, étaient les terres de l'ancien fisc impérial concédées et reprises tour à tour par les rois. Les nombreux diplômes des rois mérovingiens, les actes de testament des particuliers, les vies des saints, tout donne à penser que les rois donnèrent plus en alleu qu'en bénéfice, et que, s'il n'avait tenu qu'à eux, la possession bénéficiaire n'aurait pas tardé à disparaître. Si elle fut toujours en progrès durant ces trois siècles, c'est qu'à mesure que les dons des rois la diminuaient, elle se reconstitua d'une autre façon. Elle se développa bien moins aux dépens du domaine royal qu'aux dépens de la petite propriété. Des deux côtés également, l'aristocratie s'enrichit et prit vigueur.

Les lois féodales n'ont assurément pas été formulées durant l'époque mérovingienne ; elles ont pourtant leur source première dans le bénéfice de ce temps-là Déjà le précaire romain, par cela seul qu'il était un acte extra-légal, soumettait le concessionnaire à la volonté du concédant et le plaçait inévitablement dans cette sorte de sujétion qu'on appelait alors la clientèle. Le bénéfice devait avoir les mêmes effets, car il était, comme le précaire, en dehors du droit. Il y a cette singularité bien remarquable dans les codes germaniques de ce temps-là qu'ils ne connaissent que la propriété ou l'alleu et paraissent ignorer la possession bénéficiaire. Ils ressemblent en ce point à la législation romaine ; comme, elle, ils représentent le droit régulier, ce qu'on pourrait, presque appeler le droit civil, *jus civile*, tandis qu'il existe à côté d'eux tout un ordre social établi par les mœurs et par les intérêts privés, dont ils ne s'occupent pas plus que ne le faisaient les lois romaines. C'est pour ce motif que les codes des Francs, sont tellement en désaccord avec le tableau que les chroniqueurs nous présentent de la vie sociale des mêmes époques ; ils sont le droit civil, et ils laissent se développer à côté d'eux, obscur, mais puissant, tout un droit naturel *jus gentium* ; qui un jour prendra le dessus et les remplacera. Ainsi les lois des Francs et des Burgondes, sauf quelques allusions vagues, ne parlent pas du bénéfice. Ces lois sont attentives à garantir la propriété et à en régler la transmission ; elles n'ont aucune protection ni aucune règle pour la jouissance bénéficiaire. Si l'on ne consultait que les textes législatifs, on croirait que le bénéfice n'existait pas : c'est qu'il n'existait qu'en dehors de l'ordre légal. Le possesseur par précaire ou par bienfait était un homme qui occupait la terre d'autrui sans aucun droit personnel et sans autre titre que la volonté ou l'assentiment, toujours révocable, du vrai propriétaire. Quand on lit ces formules dont nous avons parlé plus haut, la *precatoria* et la *præstaria* qui se correspondent si exactement, on croit d'abord avoir sous les yeux un véritable contrat en deux parties. A regarder de plus près, on s'aperçoit qu'il n'y a pas de contrat ; en effet, le concédant s'attache à marquer qu'il ne fait qu'un acte de pure volonté, et le concessionnaire est contraint de reconnaître qu'ayant adressé une prière il ne tient ce qui lui est concédé que de la bonté et du bienfait, d'un homme. Ces termes étaient incompatibles avec l'idée de droit, et d'actes ainsi conçus il ne pouvait naître aucune obligation légale. Quand même le donateur promettait par écrit d'accorder une jouissance viagère, cette promesse, à cause des termes dans lesquels elle était exprimée, n'avait aucune valeur : en justice[14]. Si le bénéficiaire évincé s'adressait à un tribunal et présentait ses chartes de concession, ces chartes ne signifiaient qu'une chose, c'est qu'il n'était pas propriétaire et qu'il n'avait aucun droit sur le sol.

Il résultait de là que le bénéficiaire était dans la dépendance du bienfaiteur, et à sa merci. Les relations entre ces deux hommes n'étaient réglées ni par la loi ni par un contrat ; elles l'étaient par la volonté seule de l'un d'eux. Celui qui ne possédait qu'en vertu d'un *bienfait* était donc personnellement lié au *bienfaiteur*. Par cela seul qu'il tenait de lui, qu'il jouissait de son bien, qu'il occupait le sol par sa grâce, il contractait avec lui un lien d'une autre nature que les liens légaux et plus fort que ceux-ci. Il lui devait autre chose qu'un cens annuel ou qu'un prix de fermage ; il lui devait la reconnaissance, le respect, et ce qu'on appelait alors *la fidélité*. Or on entendait par ce mot non pas un attachement vague ou une sorte de loyauté chevaleresque, mais une série de devoirs très précis, un ensemble de services et de redevances, en un mot toute une sujétion de corps et d'âme. Il est vrai que le bénéficiaire avait toujours un moyen facile de ressaisir son indépendance ; il lui suffisait de renoncer au bénéfice, car de même que le débiteur n'était lié que jusqu'au remboursement de sa dette, le bénéficiaire ne l'était que jusqu'à la restitution de la terre. En renonçant à la jouissance du sol, il reprenait la liberté de sa personne ; mais, aussi longtemps qu'il occupait la terre d'un homme, il était le sujet de cet homme. Il l'appelait du nom de maître, *dominus*, et se qualifiait lui-même son fidèle ou son serviteur ; il s'engageait à lui être soumis, *ut subjectus esset*, à remplir envers lui toutes les obligations d'un sujet, *ut débitant subjectionem semper faceret* [15]. « Je promets, disait-il, de vous rendre les mêmes devoirs que vous rendent les autres hommes qui occupent votre terre. » Plus la formule était vague, plus elle mettait le bénéficiaire dans la dépendance du donateur. Souvent on se contentait de lui faire écrire : « S'il m'arrive jamais de prétendre que la terre que j'occupe par votre bienfait est à moi, je consens que vous m'en chassiez. » D'autres fois on lui faisait signer une formule ainsi conçue : « Si vous me donnez un ordre, quel qu'il soit, et que je refuse d'obéir, vous aurez la faculté de me chasser de cette terre [16]. » Il n'est donc pas douteux que le bénéfice n'établît dès cette époque un rapport de subordination personnelle, et que des deux hommes qui le contractaient l'un ne fût un sujet de l'autre. Assurément le régime féodal n'est pas là tout entier ; mais nous avons déjà son principe fondamental et la source première de ses lois.

La conclusion de ces recherches est qu'il y a eu, d'abord dans la société romaine, ensuite au moyen âge, deux modes d'action sur le sol ; l'un s'appelait la propriété ou l'alleu, l'autre était désigné par les termes de précaire, de bienfait ou de bénéfice. Absolument distincts par leur nature, par leurs effets, par les formules juridiques qui y étaient relatives, il était impossible de les confondre. Ni ce alleu ni ce bénéfice n'ont leur origine dans une invasion ; ni l'un ni l'autre ne porte le signe de la conquête ; aucun d'eux n'est le privilège d'une race ou d'une classe d'hommes. Ils n'étaient pas propres à telle ou telle catégorie de terres, ils s'appliquaient au sol tout entier. À vrai dire, toute terre était alleu, car elle était la propriété de quelqu'un ; toute terre aussi pouvait être bénéfice, puisque le propriétaire avait toujours le droit d'en céder la jouissance.

Ni l'alleu ni le bénéfice ne sont spécialement germains ; dire qu'ils soient uniquement et exclusivement romains serait une autre erreur. On les pourrait trouver chez beaucoup de peuples, sous tous les climats, dans les races les plus diverses et à tous les âges de l'histoire ; ils appartiennent à toute l'humanité. De ce que nous avons vu qu'avant le moyen âge ils existaient déjà l'un et l'autre dans la société romaine, nous ne sommes pas en droit de conclure que la féodalité soit plutôt d'origine romaine que d'origine germanique ; nous devons seulement constater que l'alleu et le bénéfice n'ont pas surgi brusquement, qu'ils ne viennent pas de la conquête et de la violence, qu'ils n'ont pas apparu dans l'humanité comme des faits accidentels et bizarres, comme des monstruosités en dehors de la nature. Ils ont eu, ainsi que toutes les institutions humaines, leur longue et régulière histoire ; on la peut suivre depuis l'empire romain jusqu'en 1789. Le cours des siècles a amené dans l'un et l'autre quelques modifications qui ne sont pas sans importance ; mais il n'a pas changé leurs caractères essentiels. Ils ont continué à se distinguer par leur nature et par leurs effets, — par leur nature, en ce que l'un était une propriété et l'autre une jouissance, — par leurs effets, en ce que l'un établissait un lien légal entre l'homme et le sol, tandis que l'autre établissait un lien personnel entre un homme et un autre homme.

Chacun d'eux a exercé une action propre sur la société ; les institutions politiques qui dérivaient de l'un étaient l'opposé de celles que l'autre engendrait : aussi est-il arrivé naturellement que, le jour où la possession bénéficiaire a pris le dessus sur la propriété, la société a changé d'institutions et a revêtu une forme nouvelle.

---

1. *Formules*, édit. de Rozière, n° 161, 163,165.
2. *Formules* de Rozière, n° 329, 339, 341.
3. *Ibid.*, n° 320, 321, 327, 328 § 2, 329 § 2, 340 S 3.
4. *Id te ex voluntate mea facere hoc epistola notum tibi facto.* Scœvola au *Digeste*, liv. XXXIX, tit. 5. — Comparer les formules mérovingiennes : *mea decrevit volunlas, mea non denegavit voluntas.*
5. On peut comparer la loi 14 du code Justinien, liv. Ier, tit. 2, avec les formules 326, 327, 328 du recueil de M. de Rozière.
6. *Formules* de Rozière, n° 320 ; comparer Ulpien au *Digeste*, XLIII, 26, 4 et 8 ; Celsus au *Digeste*, XLIII, 26, 12.
7. *Id.*, n° 345 et 348 ; 323, 349, 350, 353.
8. Voyez *Testamentum Eberardi*, ann. 728 ; *testam. Odilœ*, ann. 720 ; *testam. Abbonis*, ann. 739. On trouve des exemples de bénéfices tenus par des femmes. Voy. Guérard, *Prolégom. au polyptyque de l'abbé Irminon*, p. 531.
9. On peut voir particulièrement dans les *Diplomata, chartæ*, édit. Pardessus, les n° 87, 163, 259, 274, 277, 291. Voyez aussi les *formules* de Rozière, n° 129, 151, 253.
10. *Formules*, édit. de Rozière, N° 147, 151, 152, 154, etc. Comparer Grégoire de Tours, X, 31,11.
11. Grégoire de Tours, VIII, 22 ; IX, 35 ; *Gesta Dagoberti*, c. 26 ; *Vita S. Mauri*, c. 53 : *Diplomata*, t. II, p. 231.
12. Ce qui a pu donner lieu à quelques erreurs, c'est que, dans les formules et les actes de donation en alleu, les mots *bienfait* et *munificence* sont souvent employés. Cela tient aux habitudes de style de la chancellerie mérovingienne. Ces termes, pris avec leur sens propre, pouvaient également convenir aux deux sortes d'actes ; mais on doit remarquer qu'ils n'y étaient pas employés de la même façon.

13. *Formules, édit. de M. de Rozière, n°, 331, 339, 356. Quelquefois le premier acte est dressé sous la forme d'une vente (n° 332). Comparez les* Traditiones San Gallenses : nos posthac exuti de omni re paterna revestivimus Wolframnum monachum per tribus diebus et tribus noctibus, et PER BENEFICIUM ipsorum monachorum reintravimus, *n° 49.*
14. Aussi les jurisconsultes romains disaient-ils au sujet de cette sorte de promesse *Nulla vis est hujus conventionis.*
15. *Diplomata*, t. Ier, p. 130 ; *Testam. Lonegesilu.*
16. *Formules*, n° 324.

LE PATRONAGE ET LA FIDÉLITÉ.

Le régime féodal n'a pas été constitué par un acte particulier qui ait une date précise. On chercherait en vain une ordonnance royale ou une charte qui l'ait établi. Il n'a été fondé ni par la conquête d'un peuple étranger, ni par le complot d'une aristocratie. Il s'est formé lentement, insensiblement, en plusieurs siècles : il en faut chercher les racines bien loin dans le passé, et en suivre le lent et continuel accroissement. — Il n'est pas plus d'origine germanique que d'origine gauloise ou romaine; il est né en même temps et pour les mêmes causes chez tous les peuples de l'Europe sans qu'aucun d'eux l'ait emprunté à un autre[1]. Il s'est également épanoui dans l'Aquitaine tout imprégnée d'esprit romain, chez les Bretons, de pure race gallique, chez les Anglo-Saxons, qui avaient asservi une race vaincue, chez les Francs et les Burgondes, qui n'avaient rien asservi, chez les Bavarois, les Alamans et les Saxons, qui étaient restés purement Germains. Ce même régime s'est rencontré chez un grand nombre d'autres peuples hors de l'Europe. Il a existé dans tous les temps, au milieu de toutes les races, sous toutes les latitudes. Il appartient à la nature humaine.

Tous les modes de gouvernement, si nombreux et si divers qu'ils paraissent, peuvent se ramener à trois groupes. Il y a en premier lieu les régimes qui dérivent de la famille : c'est le clan, c'est la tribu, c'est la confédération des tribus. L'ancien clan gaulois, la tribu arabe, l'antique société perse avant Cyrus, sont des types de ces régimes. Ils ont cela de commun que le lien social s'y forme par la naissance et s'y confond avec le lien de famille. Il y a en second lieu les gouvernements qui ont pour principe l'association politique ; c'est ce que les Grecs appelaient τὸ κοινὸν et les Romains *respublica*, c'est ce que nous appelons aujourd'hui l'état. Ici l'autorité appartient en principe à la communauté ; en fait, elle est déléguée soit à un monarque, soit à un sénat dirigeant, soit à une assemblée populaire et à des magistrats électifs. Le gouvernement revêt ainsi les formes diverses de la monarchie, de l'aristocratie ou de la démocratie. Au fond et sous ces noms différents, on peut reconnaître le même organisme social. La règle commune est que l'individu humain est subordonné à la société, qu'il est soumis à des pouvoirs publics, qu'il obéit à des lois générales, et qu'en retour ces pouvoirs publics et ces lois générales protègent sa vie et sa fortune.

Il y a enfin un troisième régime qui diffère essentiellement des deux autres, et qui d'ailleurs se rencontre presque aussi fréquemment qu'eux dans la longue histoire de l'humanité : c'est celui où l'homme n'est soumis ni à une autorité publique ni à des lois communes. Il obéit pourtant, car le besoin d'obéissance est au fond de la nature humaine, mais il choisit individuellement celui à qui il veut obéir ; il contracte avec celui-là des obligations étroites, il se fait son serviteur, il se donne à lui tout entier. Ici nul pouvoir qui ait un caractère politique ; on ne connaît ni l'autorité de tous sur chacun, comme dans les démocraties, ni l'autorité d'un seul sur tous, comme dans les monarchies. Le commandement et la sujétion ne dérivent pas d'un principe supérieur et ne sont pas constitués par une loi générale. L'homme s'attache individuellement à l'homme et lui voue une obéissance volontaire. Le lien social est ainsi remplacé par une série de liens personnels.

On se tromperait d'ailleurs beaucoup sur la nature humaine, si l'on supposait que cet attachement puisse être le fruit des plus nobles passions et des sentiments les plus chevaleresques. C'est un intérêt précis et matériel qui fait contracter cette sorte de lien. Le fait primordial qui donne naissance à tout cet ordre de relations est qu'un homme faible ou pauvre s'adresse à un autre homme qui est fort ou riche ; il lui demande ou l'appui de ses armes ou la jouissance de sa terre, et pour obtenir l'un ou l'autre il se soumet volontairement à cet homme. Ainsi se forme un engagement qui oblige l'un à protéger, l'autre à obéir.

Cet engagement a porté différents noms aux différentes époques de l'histoire. On l'a appelé d'abord patronage et clientèle, plus tard *mainhour* et fidélité, plus tard encore seigneurie et vassalité. Les mots ont changé, l'institution était la même. Il s'agissait toujours de la sujétion personnelle de l'homme à un autre homme.

Cette institution du patronage ou de la fidélité n'est pas propre à une race ou à un siècle, elle est de tous les temps. On la peut suivre à travers le passé, et il serait téméraire d'affirmer qu'elle ne renaîtra jamais dans l'avenir. Elle est en germe dans toutes les sociétés, elle se développe surtout dans les sociétés troublées et mal assises. Sa force est toujours en proportion inverse de celle de l'autorité publique. Tantôt celle-ci refoule le patronage et le rejette dans l'ombre, tantôt c'est le patronage qui sape et qui renverse l'autorité publique.

---

1. Voyez la *Revue* du 15 mai 1873.

1

LE PATRONAGE CHEZ LES GAULOIS, DANS L'EMPIRE ROMAIN, CHEZ LES GERMAINS.

La société gauloise au moment où César l'a connue se trouvait dans un état de transition. Elle n'avait plus le régime du clan, et elle s'efforçait de constituer le régime de l'état; mais cette œuvre était pleine de difficultés. Les classes, les partis, les ambitions personnelles et les intérêts se faisaient partout la guerre. On ne s'entendait pas sur la forme à donner à l'état; les uns voulaient une aristocratie et des institutions républicaines[1], les autres voulaient une royauté démocratique[2], d'autres enfin essayaient à travers mille désordres de concilier la démocratie avec le gouvernement républicain[3]. Au milieu de ces luttes et du désordre, le patronage prit vigueur et faillit devenir l'institution dominante.

On voit en effet dans les *Commentaires* de César que la cité gauloise, encore mal constituée, était également impuissante à se faire obéir des forts et à protéger les faibles. Or, comme le premier besoin de l'homme est de vivre en paix et en sécurité, il arriva naturellement que le faible, ne se sentant pas protégé par l'autorité publique, chercha ailleurs un appui. Il demanda à un homme la protection que la société ne lui accordait pas. Il s'adressa à l'un des puissants et le supplia de le défendre contre les autres. Il était juste que cette protection se payât; le prix en fut la dépendance. Le protégé se mit sous l'autorité du protecteur. « Pour échapper aux violences des grands, dit César, beaucoup d'hommes se soumettent à la servitude entre les mains d'un de ces grands; celui-ci se fait leur défenseur, mais il a aussi sur eux toute l'autorité qu'un maître a sur des esclaves. »

Cette subordination ne déshonorait pas; l'homme qui s'y soumettait ne perdait rien de sa valeur propre ni de sa dignité personnelle : aussi César ne dit-il pas qu'il devînt précisément esclave; il l'appelle ordinairement du nom de client; Diodore l'appelle un serviteur libre. Cet homme restait en effet vis-à-vis de la société un homme libre, en même temps que vis-à-vis de son patron il devenait un serviteur. Moralement enchaîné à sa personne, il lui devait non-seulement le respect et l'obéissance, mais la fidélité et même le dévouement. Un contrat d'une étrange puissance l'attachait à son chef. Nourri par lui, vivant avec lui, il partageait sa bonne et sa mauvaise fortune, et il était inséparable de lui dans la vie et dans la mort. Au combat, il devait défendre l'existence de son patron sans songer à la sienne. Une sorte de religion lui interdisait de lui survivre, et les Gaulois disaient à César qu'il n'y avait pas d'exemple qu'un de ces hommes eût refusé de mourir avec celui à qui il « avait voué sa vie. »

Quelques historiens modernes ont supposé qu'un sentiment moral d'une exquise délicatesse, une sorte de point d'honneur chevaleresque inspirait ces dévouements. Il nous semble qu'il y a là une illusion. Le désintéressement et le sacrifice étaient choses aussi exceptionnelles dans les anciennes sociétés que dans les nôtres. La fidélité et le dévouement dont il s'agit ici n'étaient que la conséquence d'un contrat librement débattu entre deux hommes qui avaient besoin l'un de l'autre. L'homme pauvre ou faible avait besoin de nourriture, de vêtements, de terre, de protection. De son côté, l'homme riche ou puissant qui voulait augmenter sa richesse ou satisfaire ses ambitions avait besoin de grouper autour de lui une troupe de serviteurs ou de soldats. Entre ces deux hommes, une convention en bonne forme était conclue; un serment religieux, plus fort qu'un acte écrit, la sanctionnait. L'un s'engageait à donner protection, nourriture ou terre; l'autre s'engageait à donner foi, service et dévouement[4].

Par le patronage, l'homme cessait d'être le citoyen d'un état pour devenir « le fidèle » d'un homme ou « son dévoué. » Il n'avait plus aucune relation légale avec la cité. Il ne lui donnait rien, il ne lui demandait rien. Il ne connaissait plus ni impôts publics ni service militaire envers l'état. Il n'avait de redevances et d'obligations militaires qu'à l'égard de son patron. A peine reconnaissait-il la justice de l'état; c'était le patron qui était le plus souvent son juge. Les lois de la cité n'étaient rien pour lui ; sa seule législation était contenue tout entière dans le contrat qui le liait à son patron.

Le patronage était donc essentiellement hostile au régime de l'état; il luttait contre lui dans le temps même où César parut en Gaule. Sans l'intervention romaine, cette lutte se fût prolongée, et nul ne saurait dire lequel des deux systèmes d'institutions l'eût emporté. Il était possible que le patronage et la fidélité prissent le dessus, et la Gaule aurait vu alors s'établir une sorte de régime féodal. Les victoires de César donnèrent aux événements un autre cours. Le principal résultat de la conquête romaine fut de rejeter dans l'ombre le patronage des chevaliers gaulois : elle fit prévaloir le régime de l'état, sous la double forme de l'association municipale et de la centralisation impériale. Il n'y eut plus d'autre autorité que celle de la curie ou celle de l'empire. Les lois étant assez fortes pour réprimer les grands et protéger les petits, ceux-là ne visèrent plus à s'entourer de clients, ceux-ci n'eurent plus besoin de chercher des patrons.

Quelques siècles plus tard cependant, et au sein même de l'empire romain, le patronage reparut. L'autorité publique s'était affaiblie; l'ordre intérieur était troublé par les luttes des princes et par les révoltes des bagaudes; l'ordre extérieur l'était par les incursions des barbares. Il y eut alors un retour instinctif des hommes vers le régime de la sujétion personnelle. Les écrivains de ce temps-là décrivent bien le mouvement qui ramenait peu à peu les populations au patronage. « Le pauvre, dit saint Augustin, se met sous la dépendance d'un riche pour obtenir de lui la nourriture et pour vivre en sûreté sous sa protection. » — « Le faible, dit Salvien, se donne à un grand, afin que celui-ci le défende et le protège. » L'homme qui prenait un protecteur devenait un client, c'est-à-dire un serviteur; il se faisait sujet, ainsi que le dit encore Salvien, et se livrait à discrétion. Telles étaient en effet les clauses du contrat tacite qui liait les deux hommes, que l'un appartenait désormais à l'autre. Sidoine Apollinaire parle des clients qui vivaient dans l'entourage des grands propriétaires du Ve siècle; il les distingue peu des esclaves et nous les montre partageant avec ceux-ci le service du maître.

Il est vrai que la condition de client n'était pas reconnue par les lois. Le droit romain, qui avait été créé par l'état, ne pouvait pas admettre une institution qui était l'opposé de l'état. Il ne connaissait, en dehors des esclaves, que des hommes libres égaux entre eux, c'est-à-dire également citoyens ou également sujets du prince. Il ne voulait d'autre autorité parmi les hommes que l'autorité publique, et il ne pouvait tolérer cette sujétion personnelle d'un particulier à un autre particulier. Le patronage et la clientèle étaient donc, sous l'empire romain, des institutions extra-légales. Non-seulement ils ne s'appuyaient pas sur la législation, ainsi qu'il arriva dans les temps féodaux; mais ils n'existaient même qu'en dépit de la législation. Essentiellement contraires au principe politique de l'état romain, ils étaient considérés comme un élément de désordre. On voit dans les codes les empereurs se plaindre du trouble qu'ils apportaient dans l'administration de la justice et dans la perception des impôts. On y sent que le client, dès qu'il s'était fait le sujet d'un patron, ne se regardait plus comme sujet du prince. Avait-il un procès, il s'adressait à son patron. Il aimait mieux payer le tribut au patron que l'impôt à l'état. Il cessait ainsi d'être directement justiciable de l'empire et directement contribuable. Il échappait, autant qu'il pouvait, à l'autorité publique. Son maître et son protecteur à la fois n'était plus le prince ou le fonctionnaire impérial, c'était le patron.

De son côté, l'état essayait de retenir ses sujets. Les empereurs interdisaient de contracter le lien du patronage. Ils faisaient des lois pour empêcher les habitants des campagnes de se faire les clients des grands propriétaires. Ils punissaient le patronage comme un crime; ils le frappèrent d'abord d'une amende; puis, la sévérité croissant, ainsi qu'il arrive toujours quand on lutte contre un mal plus fort que soi, ils prononcèrent la confiscation des biens à la fois contre le patron et contre le client[5]. Vaines et impuissantes menaces : le patronage gagnait toujours du terrain. On voyait des villages entiers se donner à un patron, c'est-à-dire constituer déjà quelque chose d'analogue à ce que sera plus tard le village seigneurial. On voyait des propriétaires céder leur titre de propriété et mettre leur terre sous le nom d'un patron, ainsi qu'on verra plus tard l'alleu se changer en fief. On voyait enfin des hommes qui étaient nés libres et qui avaient même le rang de curiales se jeter dans la domesticité des grands, *ad potentium domos confugere* [6]. Il semble qu'on trouvât à cette époque plus de profit et de sûreté à être le serviteur d'un autre homme qu'à obéir à l'autorité publique. Il y avait une tendance générale à substituer le régime du patronage à celui de l'état, et l'on marchait insensiblement vers les institutions féodales. L'entrée des Germains en Gaule ne pouvait pas avoir pour effet d'arrêter ce mouvement irréfléchi des populations. Le principe et les règles du patronage étaient aussi connus des Germains que des sujets de l'empire. Il était en effet dans les usages de l'ancienne Germanie qu'un guerrier s'attachât à un chef de son choix. Dès ce moment, il cessait d'être un membre de la tribu et devenait un compagnon, un fidèle. La tribu restait en paix; lui, il cherchait la guerre. La tribu cultivait le sol; lui, il courait au butin. Il allait combattre, non où la tribu l'envoyait, mais où son chef le conduisait. Il affrontait la mort non pour la patrie, mais pour son chef. Les lois de la tribu n'étaient plus les siennes; il n'obéissait qu'au chef à qui il s'était donné. Il vivait avec lui, mangeait son pain, recevait de lui le cheval de bataille ou la framée. Il lui devait en retour un dévouement sans bornes; il donnait sa vie pour le sauver ou mourait avec lui. Cet attachement volontaire, ce lien tout personnel, ce contrat qui obligeait le chef à nourrir son compagnon et le compagnon à mourir pour son chef, ce n'était pas encore tout le régime féodal, c'en était déjà une partie. C'était la féodalité sans la terre, c'était la féodalité réduite à l'état guerrier, comme le patronage de l'empire romain était la féodalité sans les armes.

On distingue bien dans le livre de Tacite que le

régime de la tribu et celui du patronage militaire existaient concurremment en Germanie, non sans se gêner et se troubler l'un l'autre. Chaque homme pouvait choisir entre eux. Il pouvait quitter la tribu pour s'attacher à un chef; il pouvait quitter ce chef et rentrer dans la tribu L'un et l'autre étaient réputés également légitimes, également honorables, et l'existence du Germain était un va-et-vient de l'un à l'autre. Il semble bien, d'après les descriptions de Tacite, que le régime de la tribu était encore prédominant à son époque, surtout chez les nations qui, comme les Chauques et les Chérusques, menaient une existence paisible. Le régime du patronage et de la bande guerrière n'avait encore sa pleine vigueur que chez les Suèves. Trois siècles plus tard, la situation avait changé. Les guerres et surtout les désordres intérieurs avaient affaibli partout les institutions politiques, et il était arrivé naturellement que les habitudes du patronage avaient pris le dessus. On ne voyait presque plus de tribus; on trouvait partout des bandes guerrières. Au lien social, presque rompu partout, se substituait le lien de l'obéissance personnelle. Ceux des Germains qui entrèrent en Gaule n'avaient pas d'autre système d'institutions que le patronage militaire. Ils formaient ordinairement de petits groupes qu'on appelait *arimanies*. Chaque groupe avait son chef; plusieurs groupes s'unissaient entre eux sous un chef suprême, et c'est ainsi qu'étaient composées la plupart des armées germaniques. Les rapports entre les chefs et les soldats n'étaient pas, ainsi qu'on l'a dit, des rapports d'égalité. L'inférieur était sous la protection et en même temps sous l'autorité du supérieur. Il avait choisi son chef et s'était donné volontairement ; il n'en devait pas moins une obéissance absolue. Il avait toujours le droit de quitter son chef; mais aussi longtemps qu'il restait auprès de lui, il avait des obligations étroites à son égard. Grégoire de Tours parle de la petite troupe du Franc Ragnachaire ; il dit que les soldats étaient « ses leudes[7],» c'est-à-dire des hommes à lui, et qu'il était « leur maître. »

---

1. Voyez ce que César dit du gouvernement des Éduens.
2. Voyez ce que César dit de Dumnorix « cher à la plèbe, » et de Vercingétorix, qui, après avoir chassé les chefs du parti aristocratique, se fit roi. César, VII, 4; comparez César, V, 3; V, 27; I, 17 et 18.
3. César, *Guerre des Gaules*, V, 38.
4. César, *Guerre des Gaules*, III, 22; VI, 15; VI, 19; VII, 40. — Polybe, II, 17. — Diodore de Sicile, V, 29.
5. Code théodosien, liv. XI, lit. 24.
6. Code théodosien, XII, I. 50.
7. Il s'en faut beaucoup que le mot *leude* désignât une classe aristocratique ; dans la langue du temps, il signifiait un serviteur, un homme des dernières classes. Voyez Grégoire de Tours, VIII, 9, et l'article 101 de la loi des Burgondes.

2

LE PATRONAGE ET LA FIDÉLITÉ AU TEMPS DES MÉROVINGIENS.

L'institution du patronage, qui perçait déjà sous l'empire romain, se développa dans les sociétés qui succédèrent à cet empire. Gaulois et Germains s'en accommodaient également. Le désordre social et l'affaiblissement de l'autorité publique lui étaient favorables. Aussi la langue de l'époque mérovingienne est-elle remplie de termes qui désignaient cette institution. Dans l'idiome germanique, le patronage s'appelait *mund, mundeburd, mainbour*, et la fidélité s'appelait trust. En latin, on exprimait les mêmes relations par les mots *defensio* et *patrocinium, clientela* et *fidelitas*. On disait du subordonné qu'il était le *leude* de son chef ou son homme. Ces mots se trouvent à chaque page dans les actes et les formules.

Le principe essentiel de ce patronage et de tout le régime qui en devait découler était qu'un homme se donnait à un autre, homme; c'était un véritable engagement de la personne humaine. On ne saurait dire à quelle époque cet usage a commencé; les exemples que les chroniqueurs en rapportent forment une chaîne continue depuis l'empire romain jusqu'aux temps féodaux. Le poète Fortunatus en parle après Salvien et après Sidoine Apollinaire, Grégoire de Tours après Fortunatus, Frédégaire et les hagiographes après Grégoire de Tours. On ne saurait dire non plus que cet usage fût particulier à une race; les exemples qu'on en a sont aussi nombreux chez les hommes de naissance gauloise que chez les hommes de naissance franque. La clientèle ou fidélité était un refuge ouvert à tous, à l'ecclésiastique comme au laïque, au laboureur comme au guerrier, au petit comme au grand. Tout le monde aussi pouvait être patron. Le droit de patronage n'était le privilège d'aucune race, d'aucune classe; un évêque, un comte, un simple homme libre pouvait l'exercer. Le même homme pouvait être à la fois le client d'un plus puissant que lui et le patron d'un plus faible. L'acte par lequel l'homme se donnait s'appelait *commendatio*, terme énergique de l'ancienne langue latine que notre mot recommandation traduit fort imparfaitement. Cet acte était toujours volontaire et se concluait sous la forme d'un contrat. Nous avons l'une des formules qui y étaient employées; elle était conçue en ces termes : « Comme il est notoire que je n'ai pas de quoi me nourrir et me vêtir, je me suis adressé à votre charité, et, par un effet de ma volonté libre, je me suis décidé à me placer sous votre *mundeburd* et à me *recommander* à vous, afin que vous m'aidiez de nourriture et de vêtement, tandis que moi je vous servirai et mériterai vos dons. Tant que je vivrai, je vous devrai le service et l'obéissance, tout en conservant mon rang d'homme libre; il ne me sera pas loisible de me soustraire à votre autorité; je serai tenu d'être toujours sous votre protection et sous votre puissance[1]. »

Cette formule marque bien la nature de la convention qui liait désormais ces deux hommes; ils l'avaient librement conclue, après mûre réflexion, pour des motifs nettement exprimés, et parce que tous les deux y trouvaient un intérêt égal. L'homme faible ou pauvre faisait franchement l'aveu de sa faiblesse ou de sa pauvreté, il livrait sa personne, il engageait son service et son obéissance; mais ce service et cette obéissance n'étaient que le prix dont il payait les profits qui étaient stipulés pour lui dans ce même contrat. Le patron avait des devoirs envers l'homme qui se donnait à lui. La formule prononçait qu'il devait le nourrir et le vêtir. On se tromperait toutefois, si l'on prenait cette formule à la lettre; par ces termes d'une énergie toute matérielle, elle indiquait l'ensemble des obligations que le chef contractait envers l'inférieur. Ce n'était pas toujours pour être nourri que l'homme se soumettait au patronage. Le plus pressant besoin dans une société si troublée était celui de la sécurité ; le faible cherchait surtout un protecteur. Le patron avait donc l'obligation stricte de défendre en toute occasion et contre tout danger l'homme qui s'était recommandé à lui. Il lui devait la protection de ses armes, s'il était attaqué; celle de sa parole, s'il avait un procès. Un document de cette époque nous apprend en effet que, si le recommandé était appelé en justice pendant une absence de son patron, le jugement devait être suspendu jusqu'à ce que le patron fût de retour. Si le recommandé avait été lésé, le patron devait l'aider à obtenir satisfaction en justice. Avait-il été tué, le patron était tenu de poursuivre sa vengeance, et il en recevait aussi le wehrgeld. Grégoire de Tours donne un curieux exemple de l'application de cette règle : un homme qui était sous le patronage personnel de la reine Brunehaut avait été assassiné; ce fut la reine qui réclama la vengeance, et ce fut elle aussi qui reçut à titre de wehrgeld les biens du meurtrier. Dans un autre chroniqueur, nous voyons un évêque qui s'était *recommandé* à la reine Imnichilde; appelé un jour en justice, la reine fut obligée de venir le défendre.

A la protection correspondait toujours l'autorité. Le recommandé était dans la dépendance du patron. Son assujettissement se marquait d'ordinaire par une formalité symbolique ; en se recommandant, il courbait la tête et plaçait son cou sous le bras de l'homme qu'il faisait son patron. Il déclarait par là qu'il était désormais soumis à toutes les volontés et, comme dit un chroniqueur, au moindre signe de tête de cet homme. Il confirmait sa promesse par un serment prêté entre les mains du chef. A partir de ce jour, il devenait son serviteur et son sujet; il l'appelait du nom de maître, *dominus*; il se disait son homme ou son leude. Il ne devait plus avoir d'autre volonté que la sienne, d'autres intérêts que les siens, et, suivant une expression significative qui se répète souvent dans les actes de ce temps-là, il devait « ne regarder qu'à lui et n'espérer qu'en lui. » C'était la dépendance la plus complète qu'on pût imaginer, car l'être humain tout entier y était soumis, et l'âme encore plus que le corps. L'homme à qui son chef commandait un crime devait l'exécuter; comme sa volonté ne lui appartenait pas, il n'était pas non plus regardé comme responsable ; la loi dit formellement : « Il n'est pas coupable celui qui a obéi aux ordres de son patron. »

Il n'échappe à personne que ce patronage pouvait être un principe de hiérarchie et de discipline. L'homme avait envers son chef autant de devoirs, pour le moins, que le sujet peut en avoir envers un prince ou le citoyen envers l'état. Le patronage pouvait donc tenir lieu du lien social. Il différait seulement de celui-ci en ce qu'il était individuel, volontaire, conditionnel; la subordination s'accordait directement d'homme à homme. Le devoir d'obéissance ne découlait pas d'un principe supérieur ou d'une loi générale ; il n'était que l'effet d'une convention. Il ne commençait qu'en vertu d'un contrat, et il cessait le jour où ce contrat était rompu. Il n'était jamais héréditaire; la sujétion du père ne créait aucune obligation pour le fils. Il n'était même pas viager; le supérieur et l'inférieur avaient également le droit d'y renoncer. Il n'était pas fondé sur une idée de la raison ou sur un sentiment de la conscience; il était lié aux intérêts les plus matériels. Il s'établissait dès que deux hommes croyaient avoir un égal avantage à l'établir; il disparaissait dès que l'un de ces deux hommes croyait avoir avantage à le faire cesser.

Il était contraire à l'intérêt de la royauté de laisser grandir un système d'institutions qui était manifestement hostile à l'autorité publique. Aussi voyons-nous que les rois bourguignons et les premiers rois visigoths interdirent le patronage ainsi qu'avaient fait les empereurs [2]. Les rois francs suivirent en général une autre politique. Au lieu de lutter contre le patronage, ils voulurent se servir de lui pour assurer leur propre pouvoir. L'acte qu'ils renouvelèrent le plus fréquemment durant les deux siècles et demi qu'ils régnèrent fut celui par lequel ils recevaient un personnage sous leur protection spéciale et se faisaient ainsi un fidèle. Comme ils furent d'abord très puissants, leur patronage fut fort recherché. Les hommes se recommandaient volontiers à eux, se mettaient « sous leur tutelle, sous leur défense. » On a conservé les formules des diplômes qui attestaient qu'une personne était sous la protection personnelle du prince : u Un tel est venu vers nous, y est-il dit, et nous a demandé qu'il lui fût permis d'entrer dans notre recommandation; nous le recevons et gardons sous la sûreté de notre tutelle. » « Tel homme, est-il dit encore, s'est rendu en notre présence, et, à cause des maux que lui faisaient souffrir les méchants, nous a supplié de le prendre sous la sûreté de notre protection. » Cette sorte de demande était quelquefois adressée aux rois par les faibles; on voit des veuves et des orphelins à qui le patronage royal était accordé; des hommes de toute race et de toute classe pouvaient l'obtenir. En général, c'étaient les hommes des rangs supérieurs de la société qui le sollicitaient, et c'étaient eux aussi, à ce qu'il semble, qui l'obtenaient le plus aisément. On voyait souvent un grand personnage, issu d'une noble famille gallo-romaine et riche propriétaire foncier, ou bien un Franc, chef de guerriers, se rendre au palais en grande pompe, suivi de tous ceux qui dépendaient de lui, et demander au roi de l'accepter parmi ses fidèles. Si le roi l'agréait, il lui remettait un diplôme par lequel il promettait de le protéger, lui, ses biens et ses hommes. « Cet homme, écrivait le prince, a été reçu par nous sous la parole de notre protection ; nous le garantissons désormais, lui, ses hommes, ses terres, contre toute attaque des méchants ; car il est juste que celui qui nous a juré la foi reçoive en retour notre appui. » Ces personnages, liés au roi par la recommandation et le serment, devenaient ses leudes, ses fidèles, ses antrustions. La protection spéciale du roi leur procurait deux avantages principaux. L'un était que, si quelque atteinte était portée à leur personne, le roi devait poursuivre leur vengeance et punir le coupable d'une peine triple. L'autre était qu'ils n'avaient à comparaître en justice que devant le tribunal du roi; il résultait de là que tous les procès du protégé se trouvaient jugés par le protecteur, et l'on peut apprécier la supériorité qu'avait l'antrustion, soit comme défendeur, soit comme demandeur, sur tous ceux qui n'étaient pas comme lui de la truste royale. Enfin la recommandation était ordinairement le moyen le plus sûr d'acquérir une fonction publique, un évêché ou une terre du domaine royal.

On n'obtenait pas ces avantages sans contracter des obligations proportionnelles. L'homme qui se *recommandait* au roi devait avant tout prêter dans ses mains le serment de *trust* ou de fidélité. Ce serment était d'autant plus rigoureux que les termes en étaient plus vagues. Par lui, l'homme engageait sa foi, c'est-à-dire sa volonté même et sa conscience. Il faisait l'abandon de sa volonté personnelle pour se soumettre en toutes choses à celui à qui il se dévouait. Il devenait le leude du roi, ce qui signifiait qu'il ne s'appartenait plus à lui-même et qu'il était l'homme du roi. Ces fidèles, ces leudes, ces antrustions dont il est si souvent parlé au temps des Mérovingiens, étaient fort éloignés d'être une classe aristocratique ou une noblesse : ils étaient ceux qui étaient liés au roi par le contrat de patronage; ils étaient donc ce qu'il y avait de plus dépendant, car l'unique règle de leurs relations entre eux et le roi était qu'en retour de sa protection toute spéciale ils devaient lui obéir et le servir sans nulle réserve.

Mais le roi mérovingien n'était pas seul à avoir des fidèles. Le patronage était une institution de droit commun. Tout homme pouvait attacher à soi d'autres hommes, pourvu qu'il fût assez fort pour les protéger ou qu'il eût des terres à leur offrir. Chaque grand propriétaire avait autour de lui, sur son domaine, une cour de clients. L'homme de guerre avait une troupe de soldats qui, liés à lui par le patronage et recevant de lui la nourriture, la solde ou le butin, partageaient ses amitiés et ses haines, ses convoitises et ses vengeances; les lois des Francs mentionnent ces associations et laissent voir les désordres qu'elles commettaient. Les évêques et les abbés. de monastère avaient aussi leurs fidèles, qui occupaient leurs terres et qui les servaient, qui leur faisaient cortège et combattaient pour eux, qui étaient leurs courtisans et leurs soldats. Les fonctionnaires royaux, les comtes, les ducs, les ministres du palais étaient aussi des hommes dont le patronage était fort recherché. Grégoire de Tours cite un certain Andarchius qui était dans le patronage du duc Lupus. L'auteur de la vie de saint Didier dit que, lorsque ce personnage était trésorier du roi, beaucoup d'évêques et de fonctionnaires « vivaient sous l'aile de sa protection. » Saint Éloi, au début de sa carrière, « était dans le patronage et dans la sujétion » d'un trésorier du roi nommé Abbon. Un duc d'Auvergne nommé Calmilius « avait autour de lui une nombreuse clientèle de jeunes guerriers de noble naissance. » De pareils exemples se rencontrent à chaque page dans les chroniques. Il n'y avait pas un homme quelque peu puissant qui n'eût « des hommes à lui, » ou, suivant l'expression consacrée, « des hommes qui regardaient vers lui. »

Les caractères les plus différents pouvaient avoir des motifs pour s'engager dans les liens du patronage. L'homme paisible voulait seulement avoir un protecteur; il s'attachait à l'abbé d'un monastère, ou, comme on disait alors, à un saint. L'homme sans terre voulait avoir un bénéfice, et il s'attachait à un grand propriétaire. L'ambitieux qui visait aux fonctions publiques se *recommandait* à un grand dignitaire du palais. Le batailleur se faisait le leude d'un guerrier. Sous toutes ces faces diverses, c'était le même patronage et la même fidélité. Les rapports entre les fidèles et leurs chefs étaient exactement de même nature que ceux qui s'établissaient entre ces chefs et le roi. Les fidèles d'un comte, d'un évêque, d'un guerrier ou d'un grand propriétaire lui devaient l'obéissance et la sujétion. Unis à lui par un pacte et un serment, ils étaient ses serviteurs dévoués; ils l'appelaient des noms de maître et de seigneur; ils se disaient ses clients, ses leudes, ses hommes, ses vassaux. Ils n'étaient plus régis par les lois communes du pays; ils l'étaient par la volonté de leur chef en vertu du contrat qu'ils avaient fait avec lui. Ils n'étaient plus sujets du roi; s'ils dépendaient encore de lui de quelque façon, ce n'était que par l'intermédiaire de leur chef. Ils n'étaient même plus, à proprement parler, membres de la société politique; s'ils paraissaient encore dans les mails de cantons ou dans les assemblées nationales, ce n'était qu'à la suite de leur chef, pour lui faire cortège et appuyer ses avis. Ce chef était leur unique souverain; il était leur roi et leur loi.

Il y avait donc dès le temps des Mérovingiens tout un ordre social qui était fondé sur l'institution du patronage et de la fidélité. Les hommes y étaient subordonnés hiérarchiquement les uns aux autres et liés entre eux par le pacte de foi ou de sujétion personnelle. Le régime féodal existait dès cette époque avec ses traits caractéristiques et son organisme presque complet; seulement il n'existait pas seul. Le régime de l'état, sous la forme monarchique, subsistait encore avec son administration, sa justice publique, quelques restes d'impôts et des codes de lois communes. Le patronage et la fidélité se faisaient jour au milieu de tout cela, mais ne régnaient pas encore. Légalement c'étaient les institutions monarchiques qui gouvernaient les hommes. La féodalité était encore en dehors de l'ordre régulier. Les lois ne la combattaient plus comme au temps des empereurs; du moins elles ne la consacraient pas encore. Ce vasselage tenait déjà une grande place dans les mœurs, dans les usages, dans les intérêts; il n'en avait encore presque aucune dans le droit public.

---

1. *Recueil des formules usitées dans l'empire franc*, par E. de Rozière, n° 43.
2. *Papianus*, titre 43 (Pertz, t. III, p. 622). Lex Wisigothorum, *antiqua*, liv. II, tit. 2, art. 8. Ce texte disparut plus tard de la loi et fut même remplacé par une disposition toute contraire : preuve des progrès du patronage.

3
POURQUOI LE REGIME FEODAL A PREVALU.

Au commencement du moyen âge, deux systèmes d'institutions étaient en présence. Dans l'un, les hommes obéissaient à une autorité publique, à des lois générales, à une administration commune : c'était la monarchie; dans l'autre, ils obéissaient individuellement l'un à l'autre en vertu d'un pacte personnel et volontaire : c'était la féodalité. La monarchie était encore la plus forte dans les lois; la féodalité commençait à être la plus forte dans les mœurs. La façon dont elles luttaient entre elles est singulière; les hommes ne s'apercevaient pas qu'elles fussent inconciliables : aussi voyait-on les rois travailler pour la féodalité pendant que les seigneurs ne sentaient pas distinctement qu'ils combattaient contre la monarchie. Quoiqu'elles fussent incompatibles, on prétendait les faire vivre ensemble. Ni les rois de la famille de Clovis, ni ceux de la famille de Charlemagne, n'interdirent aux hommes de contracter le lien de vasselage. Ils espérèrent que la chaîne des vassaux continuerait à remonter d'anneau en anneau jusqu'au roi; ils ne virent pas que, si la féodalité pouvait bien laisser subsister le nom de roi, il était impossible qu'elle ne détruisît pas la royauté.

Ces deux régimes se partagèrent et se disputèrent les hommes durant quatre siècles, vivant en concurrence et se dressant sur le même sol. Chacun pouvait librement choisir entre eux et, suivant son intérêt ou son caprice, se porter vers l'un ou vers l'autre. Gaulois et Germains, petits et grands, tous jouissaient à cet égard du même droit. Celui qui avait adopté d'abord l'un des deux avait encore la faculté de revenir à l'autre : de vassal, il pouvait redevenir homme libre; d'homme libre, il pouvait se faire vassal. Le sol passait de même par les deux états; le bénéfice se transformait incessamment en alleu, l'alleu en bénéfice. Il arrivait ainsi que deux gouvernements de diverse nature, chacun avec ses règles spéciales et sa discipline propre, étendaient leur réseau sur toutes les parties du territoire, se joignant et se heurtant partout, ayant chacun en quelque sorte un pied dans chaque canton, dans chaque famille, dans chaque existence humaine. Cette singularité n'est pas propre à la Gaule; on la trouve dans toutes les sociétés de ce temps-là. Elle se rencontre chez les Visigoths d'Espagne et chez les Anglo-Saxons aussi bien que chez les populations gallo-franques. Du VIIe au IXe siècle, toute l'Europe hésita entre le régime de l'état ou de l'autorité publique et le régime du patronage ou de la féodalité.

D'où vient que ce fut ce dernier qui prévalut à la

fin? On ne peut sans doute pas attribuer le cours que prirent les événements à une volonté nettement exprimée par les populations. On ne voit pas qu'elles se soient concertées, qu'elles aient discuté et mis en balance les avantages des deux régimes, ni qu'elles se soient décidées pour l'un d'eux après mûre délibération; mais ce qui ne se voit pas non plus, c'est que ces événements se soient produits contrairement à la volonté formelle des populations. L'établissement de la féodalité n'est pas le résultat d'un coup de force, d'un grand acte de violence. Les seigneurs n'étaient pas des conquérants; il y avait parmi eux autant de Gaulois que de Germains. Supposer que ces hommes de toute race, sur tous les points à la fois du territoire, se soient coalisés pour briser la royauté et asservir les peuples, c'est supposer un fait impossible et dont les documents n'ont pas gardé le moindre indice. Ce régime a été le développement naturel et pour ainsi dire l'épanouissement des vieilles institutions de patronage et de fidélité. Il existait en germe dans la Gaule indépendante; il se retrouva dans les derniers siècles de l'empire romain; il prit vigueur après la chute de l'autorité impériale. Les lois romaines l'avaient combattu et traité en ennemi; les lois mérovingiennes cessèrent de le combattre, et les rois le favorisèrent. Pendant plusieurs générations, il marcha de pair avec les institutions monarchiques; à la fin il les renversa et prit l'empire.

Cette victoire ne s'opéra pas d'un seul coup; elle ne fut même pas l'effet d'un grand effort collectif; se figurer qu'un parti tout entier y ait travaillé avec suite et avec entente serait se faire une idée fausse. Elle fut l'œuvre, non d'un parti ni d'une classe, mais d'un nombre incalculable d'hommes qui y travaillèrent isolément. Il y a surtout dans cet événement un caractère singulier : ce ne fut pas une révolution sociale s'imposant aux individus humains, ce fut une révolution accomplie par les individus humains qui s'imposa ensuite à la société. Avant le temps où nous voyons ce régime s'établir dans les lois, il y a déjà plusieurs générations d'hommes qu'il s'est implanté dans presque toutes les existences; il y a deux ou trois siècles que les hommes sont venus l'un après l'autre mettre leurs intérêts, leurs habitudes, leur état d'âme en conformité et en harmonie avec lui. Avant la révolution publique et légale, il s'est produit une multitude innombrable de révolutions personnelles. Les relations de l'homme avec l'homme ont changé insensiblement, et, quand cette transformation de presque tous les rapports individuels a été achevée, le régime féodal s'est trouvé constitué.

Si l'on cherche quelles furent les causes qui déterminèrent chaque homme à se porter vers le patronage et la féodalité, on reconnaît que la principale fut le désordre du temps et l'impuissance des institutions politiques à gouverner les hommes. Il faut nous représenter en effet le trouble extrême dans lequel vécut cette société à partir des invasions germaniques. L'entrée des Germains en Gaule n'avait pas été précisément une conquête, mais elle avait été un immense désordre. Ce flot d'étrangers avides qui s'étaient répandus sur toutes les parties du territoire avait mis la confusion dans les intérêts et les relations sociales en même temps que dans les idées et dans les consciences. Les nouveau-venus n'étaient ni meilleurs ni plus mauvais que les anciens habitants ; seulement ils avaient d'autres vertus et d'autres vices, d'autres habitudes, un autre langage, une autre manière de penser sur presque toutes choses. Ils avaient surtout des intérêts à satisfaire, des convoitises à assouvir. Si ce débordement d'étrangers s'était opéré d'un seul coup et en une fois, la vie sociale aurait bientôt repris son cours régulier; mais cette sorte d'invasion dura quatre siècles. Ce fut une immigration incessante et continue durant quinze générations d'hommes. La sécurité des droits individuels et la régularité des rapports sociaux ne purent tenir contre cette affluence d'intérêts toujours nouveaux, de cupidités toujours renaissantes.

Devant des difficultés de cette nature et de cette persistance, la royauté fut incapable de maintenir l'ordre. Elle manquait autant d'autorité morale que de force matérielle. Le trait caractéristique de la dynastie mérovingienne est de n'avoir jamais été obéie. Un jour qu'une armée avait été honteusement mise en déroute et n'avait su que piller son propre pays, les chefs appelés devant le roi se justifièrent en ces termes : « Que voulez-vous que nous fassions ? Le peuple s'abandonne à toute sorte de vices et tous se complaisent dans le mal; nul ne craint le roi, nul ne respecte les officiers royaux; si quelqu'un de nous veut punir les fautes, on s'insurge. » Une autre fois, le chroniqueur raconte qu'il s'éleva une guerre civile entre des Francs de la ville de Tournai; deux beaux-frères s'étant pris de querelle, eux et leur suite se massacrèrent si bien que des deux troupes il ne resta qu'un seul homme vivant ; les parens des deux hommes en vinrent aux mains à leur tour. Ni les lois, ni la justice, ni l'autorité royale, n'eurent la force de mettre fin à cette querelle; la reine Frédégonde ne vit qu'un moyen de l'étouffer, ce fut d'inviter à un repas ce qu'il restait des deux familles et d'égorger tout. Les chroniques du temps sont pleines de faits semblables. Ici c'est un habitant de Soissons qui à la tête de ses fidèles met le feu à un quartier de la ville; là c'est la troupe d'un évêque qui livre bataille à la troupe d'un laïque. Chaque fois que Frédégaire mentionne la tenue d'un plaid royal, c'est pour raconter la lutte à main armée de deux chefs de bandes en présence du roi, qui ne peut pas les séparer. La faiblesse de cette royauté était manifeste, elle ne pouvait pas assurer la paix publique. On serait tenté de croire que, dans une société où l'autorité publique était annulée et ne garantissait plus les droits individuels, il dut se produire une grande insurrection des classes inférieures, et que ce furent les plus pauvres qui dépouillèrent les plus riches. Il n'y eut pourtant rien de pareil. Les prolétaires ne gagnèrent absolument rien au désordre social; ce furent au contraire les plus riches qui en profitèrent, et ce furent surtout les petits propriétaires qui en furent les victimes. L'événement montra ici que l'autorité publique est encore plus salutaire aux classes inférieures qu'aux classes élevées, et que, si cette autorité vient à disparaître, ce sont les faibles qui souffrent le plus. Il se produisit en effet dans cette anarchie, qui dura plusieurs générations d'hommes, une spoliation incessante, non des riches par les pauvres, mais des pauvres par les riches. Les spoliateurs dont les chroniques parlent si souvent sont indifféremment Francs ou Gaulois, laïques ou ecclésiastiques, mais ils sont toujours des hommes déjà puissants. Grégoire de Tours parle de deux évêques, nommés Cautinus et Bodégisile, qui paraissent être l'un Gaulois et l'autre Germain, et qui étaient tous les deux également âpres à envahir le bien d'autrui. Nul n'était en sûreté dans le voisinage de Cautinus : « il mettait la main sur toutes les terres qui touchaient aux siennes; pour les grands domaines, il se les faisait adjuger en justice; pour les petits, il les prenait de force et contraignait les malheureux propriétaires à lui livrer leurs titres de propriété. » Si telle était la conduite de quelques évêques, jugez celle des laïques. Le même chroniqueur cite un certain Pélagius, habitant de Tours, qui, profitant de l'influence que lui donnait un emploi dans l'administration, « ne cessait de voler, d'envahir les propriétés, de tuer ceux qui lui résistaient[1]. » Une foule d'anecdotes marquent combien il était difficile à la veuve, à l'orphelin, même au petit propriétaire, de conserver son bien. Les actes de cette époque sont remplis de procès pour usurpation de propriété[2].

Il semble que l'occasion eût été belle alors pour les esclaves de s'affranchir. Nombreux comme ils étaient et n'étant pas maintenus sous le joug par les pouvoirs publics, on croirait qu'il leur eût été aisé de sortir de leur servitude. Ils ne l'essayèrent même pas; les insurrections de serfs sont d'une époque bien postérieure. Au temps des rois mérovingiens, non-seulement le nombre des esclaves ne diminua pas, mais il augmenta dans une forte proportion. Les actes de donation et de testament mentionnent de nombreux achats d'esclaves. Il est avéré que beaucoup d'hommes se vendaient volontairement. D'autres étaient enlevés de force et réduits en servitude. Ce n'était pas seulement au nom du droit de la guerre que les hommes étaient ainsi asservis; ce n'étaient pas seulement les rois qui, dans leurs querelles intestines, condamnaient leurs prisonniers à l'esclavage. Il se commettait en outre, journellement et sur tous les points du territoire, une foule de vols de personnes humaines, et il y avait une sorte de brigandage organisé contre la liberté. Nous lisons dans la loi salique : « Si quelqu'un a dérobé un homme libre et l'a vendu,... » et dans la loi des Ripuaires : « Si un homme libre a vendu au-delà des frontières un autre homme libre... » Ainsi, dans cette confusion universelle, ce n'était pas l'esclave qui reprenait sa liberté, c'était l'homme libre qui était à tout moment menacé de tomber dans l'esclavage.

Le fait dominant de cette triste époque, celui qui remplissait toutes les existences et les troublait toutes, c'était l'absence de sécurité. Défendre son bien, sa liberté, sa vie, était la grande affaire, la grande difficulté, la suprême ambition de l'être humain. Pour cela, il ne fallait compter ni sur les rois, ni sur leurs fonctionnaires, ni sur les tribunaux. L'administration et la justice étaient sans force. Il arriva alors ce qui s'était toujours produit et ce qui se produira toujours en pareil cas : le faible, qui ne se sentait pas protégé par les pouvoirs publics, demanda à un fort sa protection et se mit sous sa dépendance. Le patronage fut le refuge de tous ceux qui voulaient vivre en paix. Telle est l'inévitable loi; les inégalités sociales sont ordinairement en proportion inverse de la force de l'autorité publique. Entre le petit et le grand, entre le pauvre et le riche, c'est cette autorité publique qui rétablit l'équilibre. Si elle fait défaut, il est à peu près inévitable que le faible obéisse au fort, que le pauvre se soumette au riche.

Mais pourquoi les faibles ne défendirent-ils plus vaillamment leur indépendance et leurs propriétés? Ils étaient nombreux, la loi leur permettait de s'associer; ils possédaient des armes; pourquoi ne s'opposèrent-ils pas au triomphe des institutions aristocratiques[3]? Cela tient à l'état psychologique de ces générations. A la distance où nous sommes d'elles, nous sommes portés à croire qu'elles étaient fort courageuses; il nous semble que des hommes qui usaient si volontiers du glaive devaient avoir une grande force de caractère, et il ne manque pas d'historiens qui attribuent les désordres de cette époque à une exubérance de l'énergie individuelle. De la lecture des documents contemporains, il ressort une vérité toute contraire. Il s'en faut beaucoup que les chroniqueurs nous représentent ces populations comme fort vaillantes. Ils nous donnent plus d'exemples de lâcheté que de courage. Ils montrent que ces hommes n'allaient à la guerre que malgré eux, qu'ils fuyaient aussitôt qu'ils se voyaient inférieurs en nombre, qu'ils refusaient souvent de combattre, qu'il fallait faire luire à leurs yeux l'espoir du butin pour les décider à courir quelque danger.

On ne saurait imaginer un spectacle plus répugnant que celui d'une armée mérovingienne; ce n'est, la plupart du temps, qu'un ramassis de misérables qui pillent, qui brûlent, qui tuent la population inoffensive, même dans leur propre pays, et qui souvent, à la première vue de l'ennemi, se débandent[4]. Ils se révoltent contre leurs chefs quand ceux-ci refusent de les mener au butin, et ils se révoltent encore quand on les conduit contre un adversaire trop nombreux ou trop vaillant. Nulle différence sur ces points-là entre le Franc et le Gaulois; les documents qui les montrent mêlés et confondus dans les armées n'indiquent jamais que l'un fût plus discipliné ou plus brave que l'autre[5]. Les Thuringiens, les Alamans, les Saxons ne valaient pas mieux; ils sont maintes fois représentés implorant lâchement la pitié de l'ennemi. Les descriptions de batailles que nous avons de toute cette époque montrent qu'on luttait de ruse et de fourberie plus souvent que de courage. L'issue d'un combat est presque toujours décidée à première vue; le plus nombreux a tout de suite la victoire ; de l'autre côté, c'est une fuite éperdue. On ne voit pas de ces belles résistances qui honorent la défaite et ramènent quelquefois la fortune. C'est que le vrai courage n'appartient guère aux sociétés troublées; il ne s'allie pas avec la cupidité et les passions égoïstes; il lui faut certaines vertus calmes et désintéressées, et il se peut même que la bravoure guerrière ne soit qu'une des formes extérieures de l'esprit de discipline sociale. L'affaiblissement des caractères est visible dans les documents de ce temps-là. Beaucoup d'intrigues, de violences, de crimes; nulle énergie d'âme; rien de fier ni de noble. L'idée même de la grandeur morale ne semble être conçue par personne. C'est une des époques où la société se montre avec le plus de faiblesse, et l'être humain avec le plus de lâcheté. Chacun a peur. Voyez de quel ton humble on parle au roi[6]; on parle de même au moindre fonctionnaire ou à tout homme plus fort que soi; on appelle cet homme du nom de maître et l'on se qualifie soi-même d'esclave. On signe des actes où il est dit que, ne pouvant se nourrir ni se vêtir, on se livre à la charité d'autrui. On tremble, on se courbe, on ne demande qu'à servir. Ne croyons pas que le trouble social et l'effacement de l'autorité publique aient rendu vigueur à l'âme humaine; elle s'y est au contraire affaissée, amollie, brisée, et elle y a perdu ce qu'il lui restait encore de vertu et d'énergie.

Dans cet universel affaiblissement, dans cette égale absence d'ordre social et de vigueur individuelle, chacun chercha sa sûreté où il put. Le patronage seul offrait un asile sûr, on y courut. Ce qui faisait que cette protection était sûre, c'est qu'on l'achetait : elle n'eût été qu'un vain mot, comme celle que promettaient les lois et l'autorité publique, si le protégé ne l'eût payée d'un prix réel et palpable. Quand un homme *se recommandait*, c'est-à-dire adoptait un seigneur, c'était toujours pour être protégé; toujours aussi il donnait quelque chose en échange de l'avantage qu'il implorait. Il promettait une redevance, des services; il faisait plus, il donnait sa terre; il livrait sa personne même. De son alleu, il faisait un bénéfice ou un fief; d'homme libre, il devenait vassal, c'est-à-dire serviteur[7]. Plus le sacrifice était grand, plus la protection lui était assurée. Le patron devenait un défenseur intéressé. Comment n'aurait-il pas défendu de son mieux cette terre qui était devenue sa propriété, cet homme qui était devenu *son homme*? En se livrant, on avait trouvé le meilleur moyen d'être protégé.

Gardons-nous de croire que le joug du patronage ou du séniorat, — ce second terme remplace le premier à partir du VIIIe siècle, — ait été imposé de force aux populations. Ce furent elles qui allèrent au-devant de lui. La lecture des documents et l'observation des faits donnent à penser que le faible rechercha l'appui du fort plus souvent que le fort ne mit de lui-même son autorité sur le faible. Il est surtout incontestable que ce lien s'est établi en vertu d'une multitude de contrats individuels. Chaque homme a pu choisir entre l'indépendance et le vasselage[8]. Les chroniques n'offrent pas un seul exemple d'une province où les hommes aient été réduits à l'état de vassaux par la force. On voit bien qu'ils auraient préféré rester libres et propriétaires : il n'est pas douteux qu'ils n'eussent souhaité la protection sans la dépendance; mais ce fut toujours en vertu d'un acte de volonté personnelle que chacun d'eux, après avoir tout calculé, se fit vassal et sujet. Cette sujétion s'établit par contrat régulier; ce fut un véritable marché par lequel l'un vendait sa protection, l'autre vendait son obéissance.

Le contrat était personnel et n'engageait jamais les héritiers des contractants; il était rompu par la mort de l'une ou de l'autre des deux parties. La liberté du choix reparaissait donc à chaque génération. S'il s'était trouvé depuis le VIe siècle jusqu'au XIe un seul moment où la majorité des hommes eût intérêt à ressaisir sa liberté, elle pouvait la reprendre. Il se trouva au contraire que le désordre alla grandissant de siècle en siècle. Le plus ardent désir des hommes ne fut pas d'être libres, ce fut de vivre en sûreté. Représentons-nous un petit propriétaire de ce temps-là : son champ est assez grand pour lui suffire, il y vivrait à l'aise; mais, isolé qu'il est et mal protégé par l'autorité publique, il ne saurait se défendre contre la violence et la cupidité. Il voit qu'à côté de lui un grand propriétaire, homme riche, bien armé, entouré de nombreux serviteurs, sait repousser les attaques, et que sur ce domaine on laboure et on récolte avec quelque sécurité. Comment ne lui viendrait-il pas à l'esprit que sa petite terre jouira du même calme dès qu'elle fera partie du grand domaine? Il la donne, on la lui rend à titre de bénéfice, il y vit dès lors sans crainte, et, en rendant les redevances ou les services convenus, il peut compter sur sa moisson de chaque année. Si le riche voisin est un monastère, la tentation de se livrer est encore plus forte, car la paix est mieux assurée sur la terre d'église que sur toute autre, et le saint du couvent défend son sol avec autant d'énergie pour le moins que l'homme de guerre. Le petit propriétaire renonce en faveur du saint à son droit de propriété, et, devenu simple bénéficiaire, il jouit et travaille en paix. D'autres sont déterminés par d'autres motifs. La propriété est grevée d'impôts; le riche antrustion ou le monastère a obtenu d'en être exempt, et les chartes prononcent même que cette immunité s'étendra à toutes les terres qu'il acquerra dans la suite; il arrivera alors que le petit propriétaire livrera son champ pour le décharger de l'impôt, il le reprendra en bénéfice, et aimera mieux payer une légère redevance à son seigneur que l'impôt au roi. Un autre a une terre qu'il possède en plein droit d'alleu, mais la loi veut que tout propriétaire soit soldat toute sa vie et à ses frais; or il y a une guerre presque chaque année, et c'est chaque année la ruine du cultivateur : cet homme donnera sa terre et se donnera lui-même à un couvent pour éviter les dangers et surtout les dépenses du service militaire[9].

Voilà pour quels motifs il y eut à chaque génération nouvelle un plus grand nombre d'hommes qui se firent sujets, un plus grand nombre d'alleux qui devinrent bénéfices. A chaque génération s'accrut le danger de rester libre et l'avantage d'être dépendant. Il se fit un mouvement continu et de plus en plus rapide vers la vassalité. L'autorité publique perdant chaque jour du terrain, le patronage en gagna chaque jour. Insensiblement il prit possession de presque toutes les terres et de presque toutes les personnes humaines. Il attirait tout à lui. Ce n'étaient pas seulement les faibles et les pauvres qui s'y réfugiaient, il n'était homme si fort qui pût se flatter d'y échapper, car le puissant rencontrait toujours un plus puissant que soi. Comme les plus petits recherchaient sa protection, il recherchait à son tour celle d'un plus grand. On se recommandait à lui, et il se recommandait à un autre. On était son vassal, et il était vassal.

On lui livrait la terre, et il livrait la sienne. On s'était fait bénéficiaire à son égard, et il devenait à son tour un bénéficiaire. Tous les liens de dépendance que d'autres avaient contractés envers lui, il les contractait envers un autre. On l'appelait d'un côté maître et seigneur, et il y avait d'un autre côté un personnage qu'il appelait aussi son maître et son seigneur et dont il se disait l'*homme*. C'était une chaîne d'engagements. Le contrat de protection et de fidélité se reproduisait de degré en degré dans toute l'échelle sociale. Entre le roi et le comte, entre le comte et le simple seigneur, entre ce seigneur et celui qu'on appelait « un nourri, » les conditions et les lois du patronage étaient les mêmes, elles avaient toujours pour effet de soustraire l'homme à l'autorité publique et de le soumettre corps et âme à un autre homme.

---

1. Grégoire de Tours, *Hist. Franc*, IV, 12; VIII, 39; VIII, 8; — comp. Frédégaire, *Chron.*, 90, et les *Diplomata*, passim.
2. Il y a eu surtout un genre de spoliation qui a été général. Il était dans les habitudes des Gaulois comme dans celles des Germains qu'à chaque groupe de propriétés privées correspondît une propriété commune en pâtures, eu forêts, en terres vagues. C'était la ressource des petits possesseurs. Elle fut usurpée presque partout par les grands propriétaires; les pauvres furent mis dans l'impossibilité d'user de leurs droits dans les forêts et les pâturages; par là, la culture de leurs petits champs leur devint de plus en plus difficile et onéreuse. Leur enlever leur part de communaux équivalait indirectement à leur enlever leur petit alleu ou à les forcer d'y renoncer eux-mêmes. Ainsi, loin que le désordre social ait amené la mise en commun des terres, il eut au contraire pour effet de supprimer presque partout ce qui était le bien commun, et cette suppression se fit non pas au profit des prolétaires ou des pauvres, mais au profit des propriétaires les plus riches.

3. La querelle d'Ébroin et de saint Léger est quelquefois présentée comme une lutte des classes inférieures contre l'aristocratie; mais il n'y a pas un seul des chroniqueurs contemporains qui lui attribue ce caractère. Ni Frédégaire, ni les vies des saints, ni les diplômes ne fournissent le moindre indice d'une coalition ou d'un effort général des hommes libres.
4. Grégoire de Tours, V, 14; VI, 31; VI, 45; VII, 24; VII, 38 et 39; X, 3. — *Frédégaire*, passim.
5. Il y avait à la vérité quelques troupes d'élite, comme ces escadrons neustriens dont il est parlé dans la vie de Dagobert Ier et qui formaient le meilleur clément de l'armée du roi d'Austrasie.
6. Les deux citations qu'on répète toujours et qui sont relatives aux guerriers de Thierry et de Clotaire ne doivent pas faire illusion; c'est l'ensemble des chroniques et des lettres du temps qu'il faut voir.
7. Le sens primitif du mot vassal est celui de serviteur : il n'en a pas d'autre dans les documents du VIIe siècle.
8. Nous ne parlons pas ici du servage; c'est un sujet à part et que nous espérons exposer à une autre occasion; disons tout de suite que le servage n'a aucun rapport avec la féodalité.
9. Voyez sur ce point le 2e capitulaire de 805, article 15, et le 3e de 811, art. 4. — Voyez aussi le polyptyque de l'abbé Irminon, p. 31, n° 61.

4

DU PATRONAGE ET DE LA FIDÉLITÉ APRÈS CHARLEMAGNE.

Charlemagne releva l'autorité monarchique; il prit le titre d'empereur, il fit revivre les règles administratives de l'empire romain, ses traditions et jusqu'à son langage. Sur un point toutefois il s'écarta de l'ancienne politique de l'empire : au lieu d'interdire le patronage, il l'autorisa formellement. Il en fit une institution régulière et légale; il lui donna place dans ses *Capitulaires*. Il permit aux hommes libres de *se recommander*, c'est-à-dire de se mettre en vasselage, de se donner à un seigneur et de lui prêter le serment de foi. Louis le Débonnaire fit comme lui. Charles le Chauve alla plus loin : il exigea que tout homme dans son royaume eût un seigneur et fût vassal. Nous ne pouvons pas croire que ces trois princes fussent assez aveugles pour ne pas voir que cette institution devait un jour briser leur pouvoir; mais ils étaient en présence d'un de ces faits sociaux contre lesquels aucune force ne peut lutter. Il est vrai que Charlemagne mettait au-dessus de l'autorité seigneuriale sa propre autorité. Il voulait que chaque homme libre, en prêtant le serment de foi à celui qu'il faisait son seigneur, prêtât le même serment au roi; mais il y avait là une contradiction. Les obligations de la fidélité étaient tellement rigoureuses, tellement sans limites, elles constituaient une subordination si complète de tout l'être humain, qu'il était moralement impossible d'être à la fois le fidèle d'un seigneur et le fidèle du prince. Il fallait choisir.

Il n'est guère douteux que les classes inférieures n'eussent préféré obéir au prince, si elles se fussent senties suffisamment protégées par lui. Elles n'auraient pas subi l'autorité seigneuriale, si l'autorité monarchique avait pu les soutenir et étendre sa main jusqu'à elles. Charlemagne le savait; aussi répète-t-il maintes fois dans ses *Capitulaires* qu'il veut protéger les faibles. » Que les veuves, dit-il, que les orphelins, que tous ceux qui sont faibles vivent en paix sous notre défense, et qu'on respecte leurs droits. » Il enjoint aux commissaires impériaux de prendre surtout la défense des pauvres; mais la fréquence même de ses recommandations à cet égard fait douter qu'elles aient été efficaces. De telles instructions ne se rencontrent guère dans les états où les droits des faibles sont réellement respectés.

On se fait facilement illusion sur l'époque de Charlemagne. Comme les générations qui suivirent furent démesurément malheureuses, elles se représentèrent son règne comme un temps de paix intérieure, d'ordre, de prospérité. Qu'on lise les *Capitulaires* de ce prince, ils sont pleins de traits qui révèlent la misère publique, les souffrances et le mécontentement des populations. Il nous dit lui-même, en son langage officiel, à quels désordres il avait à faire face. « Que les hommes libres, écrit-il, ne soient plus contraints par les comtes à travailler à leurs prés, à faire leurs labeurs ou leurs moissons. » — « Que personne, dit-il ailleurs, ne soit assez hardi pour établir de sa propre autorité des péages nouveaux sur les rivières ou sur les routes. » Des iniquités d'une autre nature se produisaient. « Nous ne voulons pas, dit encore Charlemagne, que les petits propriétaires soient opprimés par les grands; nous ne voulons pas qu'écrasés par la fourberie ou la violence ils soient contraints de vendre ou de donner leurs terres. » En l'année 811, de nombreuses réclamations parvinrent à l'oreille du prince de la part de cette classe d'hommes que la langue du temps appelait les pauvres. Or nous devons bien entendre que ces pauvres n'étaient pas les mêmes hommes qu'on appelle de ce nom dans les sociétés modernes. Au-dessus des esclaves, des colons, des tenanciers, des prolétaires, s'élevaient ces « pauvres, » qui n'étaient autres que les petits propriétaires d'alleux. Ces hommes, qui seraient presque des riches dans nos états démocratiques, étaient réellement des pauvres et des faibles dans la société de ce temps-là. C'étaient eux qui souffraient le plus. Ils n'avaient pas la sécurité du serf que son puissant maître protégeait. Ils étaient quotidiennement menacés dans leur liberté et dans leurs biens. « Ces pauvres crient vers nous, dit Charlemagne; on les dépouille de leurs propriétés : si l'un d'eux refuse de livrer sa terre, on trouve mille moyens de le faire condamner en justice, ou bien on le ruine en le grevant outre mesure des charges militaires, jusqu'à ce qu'on l'oblige bon gré mal gré à vendre ce qu'il a ou même à le donner pour rien. »

L'autorité publique aurait dû défendre ces hommes; mais c'étaient au contraire les dépositaires de l'autorité qui les opprimaient; c'étaient les comtes, les centeniers, les évêques, que ces hommes accusaient de les dépouiller. Charlemagne était réduit à émettre cette singulière prescription : « nous interdisons à nos fonctionnaires d'acheter par des moyens frauduleux les propriétés des pauvres ou de les ravir par force. » Lorsque Louis le Débonnaire, en prenant possession du trône, fit faire une enquête générale, on constata « qu'une incroyable multitude d'hommes avaient été opprimés, spoliés de leur patrimoine, privés de leur liberté. » Ainsi cette monarchie de Charlemagne, si puissante qu'elle nous paraisse, avait été incapable de soutenir les faibles. Sous ses successeurs, nous ne rencontrons pas les mêmes plaintes, parce qu'on ne se plaignit même plus. Tous les désordres grandirent. « En ce temps-là, dit un annaliste en parlant du règne de Louis le Débonnaire, le royaume était couvert de la désolation, et la misère des hommes allait croissant de jour en jour. » Plusieurs chroniqueurs ajoutent que des troupes de brigands parcouraient le pays. La plupart de ces grands, qui figurent dans l'histoire des Carlovingiens, étaient des chefs de bandes armées[1]. Chacun d'eux avait des soldats, et le roi n'en avait pas. Ils avaient la force qui peut à son gré opprimer ou défendre, et le roi ne possédait aucun moyen d'exiger l'obéissance ou de donner sa protection.

Il arriva alors ce qui était arrivé chaque fois que les mêmes circonstances s'étaient rencontrées. Le faible, qui ne trouvait pas d'appui dans l'autorité publique, implora l'appui d'un homme puissant. Ce que César disait des anciens Gaulois peut se répéter pour les hommes du IXe siècle : « Chacun se donna à l'un des grands pour ne pas être à la merci de tous les grands. » Les contrats de patronage, de recommandation, de fidélité, se multiplièrent; on se fit client, fidèle, vassal pour vivre en paix. On se sentait abandonné de la royauté: on l'abandonna aussi, et l'on se livra à un comte, à un évêque, à un baron, dont on fit son seigneur, c'est-à-dire à la fois son protecteur et son maître. Voici, d'après une ancienne charte, un exemple de ces conventions : « Les hommes libres du pays de Wolen, jugeant que Gontran, homme puissant et riche, serait pour eux un chef bon et clément, lui offrirent leurs terres à condition qu'ils en jouiraient comme bénéficiaires, héréditairement, sous sa protection, en lui payant un cens annuel. » Ces hommes changeaient leur alleu en bénéfice, leur liberté en sujétion, pour avoir un défenseur.

Puis vinrent les incursions des Normands. Ces hommes, que la faim ou les divisions intestines chassaient de la Scandinavie, ne formaient que de méprisables troupes de pirates. On est surpris de leur petit nombre et du mal qu'ils firent. On se demande comment la société gallo-germaine avait pu devenir tout à coup si faible qu'elle ne sût pas résister à de pareils ennemis. Quelques chroniqueurs du temps ont attribué cette inconcevable impuissance à la bataille de Fontanet, dans laquelle le sang guerrier se serait épuisé. Il est vraisemblable que ce qui épuisa bien davantage ces générations, ce fut la perte de toute discipline sociale et la division qui se mit en elles. Elles furent incapables de se défendre contre les convoitises des peuples pauvres. Norvégiens, Danois, Hongrois, Sarrasins, tous ceux qui étaient très avides et un peu hardis, se jetèrent sur elles. A de si misérables adversaires, ce grand corps désorganisé ne sut opposer ni des frontières, ni des armées, ni une seule flotte. Ils attaquèrent de tous les côtés à la fois; ils étaient peu nombreux, mais, comme ils se multipliaient par le mouvement, on les rencontrait partout et on les croyait innombrables. Les Africains pillèrent Rome, l'Italie et la Provence; les Slaves et les Hongrois ravagèrent l'Allemagne; les Norvégiens et les Danois saccagèrent la France. Ils arrivaient sur des barques, remontaient le Rhin, la Seine, la Loire, brûlaient les villes, emportaient l'or, détruisaient les moissons et les villages, égorgeaient les paysans ou les emmenaient esclaves. « Ce n'était partout, dit un annaliste, que villages incendiés et églises abattues; partout des cadavres de clercs et de laïques, de nobles et de non-nobles, de femmes et d'enfants; il n'y avait pas une place, pas un chemin où l'on ne trouvât des morts ; c'était une grande douleur de voir comme le peuple chrétien était exterminé. » — « Une année, dit encore l'annaliste, ces hommes du nord quittèrent la France, parce qu'ils n'y trouvaient plus de quoi vivre. »

Les populations résistaient de leur mieux ; les chroniqueurs mentionnent souvent des actes de bravoure, et dans toutes les classes. Les rois, ces mêmes rois carlovingiens qu'on représente comme insouciants et oublieux de leurs devoirs, sont au contraire très actifs et très prompts à combattre; leur seul malheur est de ne pouvoir être partout à la fois. Nous les voyons toujours en mouvement, courant d'une frontière à l'autre pour faire face à l'ennemi ; ils ne connaissent pas le repos; Charles le Chauve lui-même a toujours l'épée à la main. Les grands montrent aussi du courage; on peut compter dans les annales tous ceux qui essaient de lutter, qui défendent les villes, qui surprennent l'ennemi, qui le mettent en déroute ou se font tuer. Il n'est pas jusqu'aux paysans qui ne prennent les armes; ils défendent vaillamment leur sol. Le courage ne manque pas et chacun fait ce qu'il peut ; mais ce n'est pas par le courage qu'une société se défend contre les convoitises de l'étranger, c'est par l'union et la discipline. Il faut que les forces individuelles sachent se grouper pour former une force publique. Or c'était cela même qui faisait le plus défaut à la France du ix« siècle. La royauté n'avait ni armées permanentes, ni forteresses qui fussent à elle, ni administration régulière, ni rien de ce qui protège un grand corps social. Comme on ne lui obéissait plus, elle était aussi incapable de défendre les populations.

Le principal résultat des incursions normandes fut de

manifester à tous les yeux cette impuissance de la royauté : elles furent l'épreuve à laquelle on la jugea. Les peuples ne songèrent pas qu'ils étaient en partie coupables de sa faiblesse. Ils ne virent qu'une chose, c'est que la royauté ne les protégeait pas. Ils auraient voulu que, comme l'ennemi se montrait partout, elle fût aussi partout présente, et ils ne la voyaient presque nulle part. Ils lui reprochèrent de les trahir. Ce sentiment des générations du IXe et du Xe siècle a laissé des traces profondes dans les traditions et les préjugés des générations suivantes. Robert Wace, dans le *roman de Rou*, reproduit sans nul doute les pensées des hommes écrasés et ruinés par les Normands quand il leur fait dire au roi de France :

> *Que fais-tu? que demeures? que penses?*
> >   *que attends?*
> *Ni tu ne nous quiers paix ni tu ne nous*
> >   *defens.*

En vain le roi répond-il qu'il n'est qu'un homme :

> *Je ne puis par moi seul Rou et Normans*
> >   *chasser;*
> *Je ne puis d'un seul cors contre tous*
> >   *esforcier.*
> *Que peut faire un seul hom et que peut*
> >   *exploitier,*
> *Si li home li faillent qui li doivent aidier?*

Il n'importe; c'est à lui que l'on impute tous les maux que l'on souffre :

> *Virent li moutiers ars et le peuple tué*
> *Par défaute de roi et par sa faibleté.*

La faiblesse est en effet ce que les peuples pardonnent le moins à leurs princes. La désaffection des hommes à l'égard des Carlovingiens est venue de là. Comme ils ne protégeaient pas, on cessa en même temps de les craindre et de les aimer.

Alors tous les regards et toutes les espérances se portèrent vers les seigneurs. On était sûr de les trouver au moment du danger; on n'avait pas à attendre qu'ils vinssent de loin, ni à craindre qu'ils fussent occupés ailleurs, car ils habitaient la province ou le canton menacé. Entre le comte et la population du comté, entre chaque seigneur et les hommes qui dépendaient de lui, le lien des intérêts était visible. Le champ du laboureur était le domaine du seigneur; celui-ci le défendait donc comme son bien propre ; si soupçonneux que fussent les hommes, ils ne pouvaient accuser leur seigneur direct de trahison ni même d'insouciance. Vainqueur, on ne lui ménageait pas la reconnaissance; vaincu, on ne doutait pas qu'il ne souffrît plus que personne. Ce seigneur était bien armé; il veillait pour tous. Fort ou faible, il était le seul défenseur et le seul espoir des hommes. La moisson, la vigne, la cabane, tout périssait avec lui ou était sauvé par lui.

C'est à cette époque que l'on éleva les châteaux-forts. Six siècles plus tard, les hommes furent saisis d'une immense haine contre ces forteresses seigneuriales; au moment où elles se construisirent, ils ne sentirent qu'amour et reconnaissance. Ces forteresses étaient faites non pas contre eux, mais pour eux ; elles étaient le poste élevé d'où leur défenseur guettait l'ennemi; elles étaient le sûr dépôt de leurs récoltes et de leurs biens. En cas d'incursion, elles donnaient asile à leurs femmes, à leurs enfants, à eux-mêmes. Chaque château-fort était le salut d'un canton.

Les générations modernes ne savent plus ce que c'est que le danger. Elles ne savent plus ce que c'est que de trembler chaque jour pour sa moisson, pour son pain de l'année, pour sa chaumière qu'on aime, pour sa femme et ses enfants. Elles ne savent plus ce que devient l'âme sous le poids d'une telle terreur, et quand cette terreur dure quatre-vingts ans sans trêve ni merci. Elles ignorent ce que c'est que le besoin d'être sauvé. Ce besoin fit tout oublier; on ne pensa ni à des rois qu'on ne voyait pas, ni à des libertés dont on n'aurait su que faire. On obéit à ceux par qui l'on était défendu; on donna la sujétion en échange de la sécurité. Des milliers et des millions de contrats se formèrent entre chaque champ et le guerrier qui combattait pour lui, entre chaque existence humaine et le guerrier à qui l'on devait de vivre.

Alors s'établit ce que ces hommes appelèrent le *droit de sauvement* ou le *droit de garde*. Les petits propriétaires, les laboureurs, tous ceux qui étaient encore libres, mais qui avaient besoin d'être défendus contre l'envahisseur étranger ou l'oppresseur voisin, s'adressèrent à un guerrier et conclurent avec lui un contrat. Il fut convenu que l'homme de guerre sauverait et garderait le laboureur, sa famille, sa maison, ses meubles et son blé. Il fut convenu d'autre part que le laboureur paierait cette protection par une redevance pécuniaire et par l'obéissance. Ces contrats étaient écrits ordinaire- ment en cette forme : « Je vous reçois, disait le guerrier, en mon sauvement et défense, et je vous promets en bonne foi de vous garder vous et vos biens, ainsi que doit le faire un bon gardien et seigneur. » Le laboureur écrivait de son côté « qu'il reconnaissait être sous la protection et garde de ce seigneur. » Dans beaucoup de chartes, le premier était désigné par le nom de sauveur, le second par celui de *sauvatier*; la convention s'appelait un *sauvement*, et la redevance qui y était attachée portait le même nom. Elle était ordinairement fixée d'une manière irrévocable par le contrat lui-même. « Humbert, noble homme, est tenu de garder et défendre les hommes de la châtellenie de Saint-Germain, et nous, en échange de cette bonne garde, nous nous engageons à lui payer, à lui et à ses héritiers, un cens annuel de cent sous d'argent. » — « Le village paiera au vicomte cinq sous à titre de *commendation*, et moyennant cette somme le vicomte s'engage à sauver toujours et partout les hommes du village, soit quand ils sont dans leurs maisons, soit quand ils vont et viennent. » Ce qu'on appelait commendation était la même chose que le sauvement ou la garde. Voici une autre formule du contrat : « Le seigneur a la garde de tous les habitants du village et de chacun d'eux en particulier; sur chaque maison ayant charrue, il lèvera un setier d'avoine; sur celle qui n'a ni charrue ni bœufs, il ne lèvera qu'un quartaut. » Dans un autre village, chaque feu doit au sauveur une mine d'avoine, deux deniers et un pain. Ailleurs les hommes doivent faire pour lui trois journées de labour chaque année. Dans les pays de vignobles, l'homme de guerre s'engage à garder les vignes, et chaque vigneron lui fournit une mesure de vin. Quelquefois encore il s'engage à protéger sur les routes les voituriers qui transportent le vin, et ceux-ci lui paient un droit de protection. Dans quelques provinces, la redevance de sauvement s'appelait le vingtain; elle consistait dans la vingtième gerbe ou dans la vingtième partie des fruits et du vin. Ce droit seigneurial a été établi à l'origine par une série de conventions particulières entre chaque seigneur et les habitants de la terre, et il était le prix dont ceux-ci payaient la protection que celui-là s'engageait à leur assurer. Parfois le contrat stipulait que le produit du vingtain serait entièrement employé à fortifier le château qui était la sûreté du village. On ajoutait même que les paysans devraient deux jours de corvée chaque année pour travailler aux fortifications.

Ce sauvement a été, non pas la seule origine, mais une des origines principales de la féodalité. La protection a entraîné avec elle la sujétion. Le *sauvé* s'est fait serviteur, et le *sauveur* a été inévitablement un maître. Garde et commandement se sont confondus. Les hommes souffraient et tremblaient trop pour penser à leur liberté; entre le vasselage et la ruine ils n'ont pas hésité. Ils se sont soumis pour être défendus. Le joug ne leur a pas été imposé de force; ils l'ont accepté par un contrat formel. Ils n'ont pas été saisis violemment par l'autorité seigneuriale; ils sont allés au-devant d'elle. Comme on vivait d'ailleurs en un temps où le faible tenait plus à la protection que le fort ne tenait à l'autorité, ils consentirent à payer le prix de cette protection, et il leur sembla naturel d'indemniser le seigneur de ses soins et de sa peine. Plus tard, quand le cours des siècles eut modifié toute l'existence humaine, un tel contrat sembla injuste, et il est certain qu'il ne répondait plus à l'état politique et économique des sociétés nouvelles ; mais l'histoire doit attester qu'il y avait eu un temps où ce contrat avait été conforme aux intérêts et aux besoins des hommes.

— in *Revue des Deux Mondes*,
3e période, tome 4, 1874

---

1. Voyez sur tous ces points : *Annales xantenses*, ad ann. 834 et 838; — *Vita Ludovici ab anonymo*, c. 53; — Nithard, IV, 7; — *Annales Bertiniani*, ad ann. 843; — *Vita Walœ, dans Mabillon,* Acta sanctorum, *t. IV, p. 510.*

Copyright © 2020 par FV Éditions
ISBN - Ebook : 979-10-299-0846-0
ISBN - Couverture souple : 9798624159716
ISBN - Couverture rigide : 979-10-299-0847-7
Tous Droits Réservés

Également disponible

HISTOIRE DE VERCINGÉTORIX

www.ingramcontent.com/pod-product-compliance
Lightning Source LLC
LaVergne TN
LVHW042246070526
838201LV00089B/41